GONG CHAN DANG YUAN REN SHENG JIANG TANG
DAO DE SU ZHI BI XIU JIAO CAI

共产党员人生讲堂

个人品德课

高新民　严书翰／主编　　姚巧华／编著

GE REN PIN DE KE

吉林出版集团　吉林文史出版社有限责任公司

图书在版编目（CIP）数据

共产党员人生讲堂.个人品德课/高新民，严书翰主编；姚巧华编著.
——长春：吉林出版集团，2013.6
ISBN 978-7-5534-2062-2

Ⅰ.①共… Ⅱ.①高… ②严… ③姚… Ⅲ.①中国共产党-党员-思想政治教育-学习参考资料 Ⅳ.①D261.42

中国版本图书馆CIP数据核字(2013)第128482号

共产党员人生讲堂·个人品德课

GONG CHAN DANG YUAN REN SHENG JIANG TANG
GE REN PIN DE KE

出版人/孙建军
选题策划/孙建军
主编/高新民　严书翰
编著/姚巧华
责任编辑/张雪霜　吴燕　责任校对/李洁华
装帧设计/孙浩瀚
出版/吉林出版集团　吉林文史出版社有限责任公司
发行/吉林文史出版社有限责任公司
（长春市人民大街4646号，电话：0431—86037501）
www.jlws.com.cn
印刷/大厂回族自治县正兴印务有限公司
出版日期/2013年7月第1版　2013年7月第2次印刷
开本/720mm×1000mm　1/16
字数/150千字
印张/12
书号/ISBN 978-7-5534-2062-2
定价/22.00元

前 言

远望2021年是中国共产党百年诞辰，是中国共产党提出全面建成小康社会奋斗目标的重要时间节点。为使中国共产党顺利地度过百年生日，并能更健康、更长久、更有活力和朝气地成长与发展，就必须加强全体党员的道德素质教育和培训工作。这是因为，党员的道德素质如何，直接关系到党的性质能否保持，党的领导作用能否实现，党的路线方针和政策能否贯彻到底，党群关系能否巩固。这是因为，党员是党的肌体的细胞和党的活动的主体，党员队伍建设是党的建设基础工程。党在十八大修改的新的《章程》中强调指出，中国共产党要领导人民发展社会主义先进文化。建设社会主义精神文明，实行依法治国和以德治国相结合，倡导社会主义荣辱观，抵御资本主义和封建主义腐朽思想的侵蚀，扫除各种社会丑恶现象。这是党和人民对每一位党员提出的神圣任务。发扬社会主义新风尚，带头实践社会主义荣辱观，提倡共产主义道德是每一位党员义不容辞的义务。

中国共产党自成立之日起，之所以能够在各种政治力量中脱颖而出，从小到大，由弱到强，成为执掌全国政权并长期执政的党，胜利地走过了90多年的历程，主要是由于党始终能够与时代发展同步伐，与人民群众共命运，勇于坚持真理，不断修正错误，以自己高尚的道德情操，赢得了人民的拥护。我们也只有切实提高党员的思想道德水平，让党的领导干部成为全党的道德典范，全体共产党员成为全社会的道德典范，才能为全面建设小康社会提供强大而稳固的组织保证，才能保证中国共产党的执政地位永不动摇，永不变色。

当前，市场经济的发展带来一系列深刻的变革，我国社会正处在发展过渡期和转型期。社会面临着新旧意识形态的斗争和交替，在这种情况下，各式各样的诱惑与利益驱动，诱发了严重的浮躁情绪，且必然会反映到党的队伍中来。少数党员干部思想道德防线的崩溃，导致其理想信念动摇，脱离群众，脱离实际或贪图安逸，追求享受，搞特殊化，甚至以权谋私，蜕化变质，最终跌入腐化堕落的泥坑。这充分说明，一个党员的道德水准和精神追求，决定着他们的行为取向。党员队伍中的贪污腐败分子，都是因为思想道德和操行上出了问题，走上了一条因放弃思想改造而导致道德沦丧的蜕变之路。

因此，党的各级宣传部门和组织部门，只有不断加强党员的道德素质教育和培训工作，加强党员的社会公德、职业道德、家庭美德、个人品德建设，不断提升每个党员的道德修养和水准，充分发挥道德模范榜样作用，才能在全社会倡行良好的社会主义道德风尚，形成良好的社会风气和和谐的社会氛围，才能引导广大人民群众自觉履行法定义务、社会责任、家庭责任，才能与广大人民群众同舟共济、同心同德，以满腔热忱投入到中国特色社会主义建设中来；每个共产党员只有不断加强自身学习和道德修养，在理论修养中不断提高自己，在实践修养中不断锤炼自己，在“慎独”修养中不断战胜自己，用良好的道德修养来规范自己的行为，更好地履行全心全意为人民服务的职责，才能从根本上增强抵制各种腐朽思想侵蚀的能力，经受住执政党地位的考验。

由此说来，在中国共产党即将迈入百年之际，面对错综复杂的国际形势和国内形势，加强党员的道德建设、不断提升党员的思想道德素质更显得尤为重要。党在十八大报告中向全党同志郑重提出，抓好道德建设这个基础，教育引导党员、干部牢固树立正确的道德观，模范践行社会主义荣辱观，讲党性，重品行，做表率，做社会主义道德的示范者、诚信风尚的引领者、公平正义的维护者，以实际行动彰显共产党人的人格力量。基于以上因素，我们组织编撰了这套《共产党员人生讲堂》系列丛书，旨在让广大党员通过阅读加强党性修养，落实党性分析，增强党性锻炼，提高自身综合素质，努力贯彻落实科学发展观。

《共产党员人生讲堂——道德素质必修教材》系列，包括《共产党员人生讲堂·社会公德课》、《共产党员人生讲堂·职业道德课》、《共产党员人生讲堂·家庭美德课》、《共产党员人生讲堂·个人品德课》四个单册；《共产党员人生讲堂——政治素质必修教材》系列，包括《共产党员人生讲堂·信仰课》、《共产党员人生讲堂·哲学课》、《共产党员人生讲堂·廉政课》、《共产党员人生讲堂·责任课》四个单册，每册15万字左右，具有很强的针对性、科学性、深刻性、教育性和可读性。可以说这是一套党的宣传部门、组织部门和各级党校进行党员教育轮训的好教材，也是每个党员加强自身学习，提升自身修养的必备读物。

本册《共产党员人生讲堂·个人品德课》，从九个方面解读个人品德对党员修养的意义。个人品德建设是加强党的作风建设的现实要求，是保持共产党员先进性的关键所在，是加强党员干部队伍建设及其影响力和凝聚力的迫切要求和基本前提。良好的品行是为人之基要，建立一支高素质的干部队伍，就必须加强党员干部的个人品德建设，确保各级干部均能发扬艰苦奋斗的精神，做到一身正气、一尘不染，以共产党人的高风亮节和个人人格力量影响和带动广大人民群众，全面建设小康社会，加快推进社会主义现代化进程，最终实现全民族、全社会的和谐进步和发展。本书语言严谨，通俗易懂，深入浅出，体例简明，文字精练，内容详尽，可读性很强。

此套丛书由现任中共中央党校报刊社社长兼总编辑，教授，博士生导师，原中共中央党校中共党史教研部副主任谢春涛先生不吝时间予以全面审读，他为此套丛书的付梓出版付出了大量心血，特此表示感谢。

目 录

正直，对于党员来说，就是清正廉洁，公私分明，公事公办，秉公办事，实事求是，敢讲真话。无论对方高低贵贱，是领导抑或乞丐，只要符合客观事实，就当仁不让地站在那一边。不会因为害怕权势而失去原则，做墙头草。党员要心系大众，一心为民谋福利。

对于一个人来说，不论你能力多大，也不可能做到面面俱到；不论你权力多大，也无法应对来自各方面的所有问题。海之所以大，是因为它能纳百川，人之所以智，是因为他可纳百言。作为一个共产党人，如果你想有所作为，首先得有肚量，只有纳百言才能见真理；只有经受“冒犯”，才能走正路。

仁爱，是从心中生长而不能停止的情感，是不求回报的情感，是中国传统美德的重要内容，也是构建和谐社会的道德理念。一个有仁爱之心的人会从心底里欣然地去爱别人；一名党员常怀仁爱之心，才能真心为人民服务，才能把工作做到实处，做到细处。每一个人都怀仁爱之心，社会必然会是一个和谐的社会。

乐观，是一种最为积极的性格因素之一，一种生活态度。乐观就是无论在什么情况下，即使心情再差也保持良好的心态，也相信坏事情总会过去，相信阳光总会再来的心境。党员是党在民众中树立的标杆，他的一切民众都会看在眼里。如果一名党员能保持乐观向上，他将感染周围的很多人，大家的生活也将因他而充满阳光。

什么能使我们意识到我们的不足，能引导我们努力成为更好的人？唯有谦逊。对于一个普通人来说，没有谦逊，就会筑起一层骄傲的硬壳，保留所有的缺陷；对于一名党员来说，没有谦逊，就不能虚心接受群众的意见建议，与广大群众打成一片。对于一名党员干部而言，没有谦逊，则无法清醒地认识自我，也无法赢得人民群众的信任和支持。

诚信是公民的第二个“身份证”，是日常行为的诚实和正式交流的信用的合称。对于普通公民来讲，是一种道德诉求，但对于共产党员来说，则是必须具备的基本素质和品格。每一名党员干部都有责任通过自身的模范行动去践行诚信原则，这样才能赢得民心，取得广大群众的信任。

几乎世界上的任何一种生命都是有欲望的，所不同的，只是在需求层次上有复杂与简单、原始与高级之分。可以这样说，一部人类史，就是欲望牵引着人类不断进化、不断发展的历史。然而，作为一名共产党员，特别是手握重权的党员干部，更要时刻清楚：欲望一半是天使，另一半却是恶魔，一旦失控，就会把人引向邪恶。

自信就是在自我评价上的积极态度，它本身就是一种积极性，是个人对自己所做各种准备的感性评估。相信自己行，是一种信念，是走向成功的第一要素。如果没有真正建立起自信心，那么成功永远与你无缘。作为一名党员，如果没有自信心，就不能以最佳心态开展工作、履行职责；就不能以饱满热情开创事业、完成使命。

第九课　自强——自强不息求上进，百折不挠铸辉煌 …… 163

自强是支持着中国人自立于世界民族之林的一种精神，一种信念，一种境界。自强是中华民族的传统美德。自强是流淌在中华民族文明血管中的生生不息的血液，是中国人民代代相传的传世之宝，是每一名共产党员必备的道德品质。有了它才能获得取之不尽、用之不竭的力量源泉，才能在任何艰难险阻面前立于不败之地。

第一课

正直——身正不怕影子歪，品行端正人人敬

正直，对于党员来说，就是清正廉洁，公私分明，公事公办，秉公办事，实事求是，敢讲真话。无论对方高低贵贱，是领导抑或乞丐，只要符合客观事实，就当仁不让地站在那一边。不会因为害怕权势而失去原则，做墙头草。党员要心系大众，一心为民谋福利。

公私分明，办事公道

办事公道，简言之，就是公私分明，公正公平，秉公办事，光明磊落，主持正义。办事公道是人类社会的美德之一，是一切职业工作者在职业行为中要遵守的道德规范，它要求人们按准则办事，秉公办事，不以权谋私，不以私害公，是处理好与职业有关的社会关系的最高准则。这在处处都离不开“关系网”、不正之风盛行的情况下尤为重要。

亘古至今，凡是能够办事公道、刚正不阿、执法如山的官员，如海端、包拯，无不在老白姓心目中享有崇高的威望，受老百姓敬仰，也

为后人树立了一座座丰碑。

公道正派是党员必备的道德素质，也是检验其道德修养的试金石。在处事方面，不搞亲疏远近，无好恶之别，必须一视同仁，一碗水端平。只有这样，才能拥有“正直”的称号。

办事公道，也是领导干部必备的职业素养。哪里的领导干部办事公道，哪里的风气就正，党群、干群关系就好，人心就齐，工作就见起色，这是一个不争的事实。

在中国共产党的奋斗史上，曾有两个“三大纪律八项注意”。第一个“三大纪律八项注意”，是毛泽东同志为建设党领导下的新型人民军队制定的，是党和军队取得最终胜利的重要保障，几乎家喻户晓、人人皆知；第二个“三大纪律八项注意”，现在很少有人知道，是毛主席、党中央在党内出现“左”倾思想，干部队伍脱离实际、脱离群众，“五风”(“共产风”、“浮夸风”、“强迫命令风”、“生产瞎指挥风”和“生活特殊化风”)盛行，严重侵害了人民群众的利益，最终导致党群、干群关系紧张的情况下制定出来的。

针对党内思想作风建设的要害问题，党中央于1961年1月27日下发了“党政干部三大纪律八项注意”，并予以公布。“三大纪律”的内容是：“一切从实际出发；正确执行党的政策；实行民主集中制。”“八项注意”的内容是：“同劳动同食堂；待人和气；办事公道；买卖公平；如实反映情况；提高政治水平；工作要同群众商量；没有调查没有发言权。”

与军队“三大纪律八项注意”相得益彰、熠熠生辉、互为贯通的“党政干部三大纪律八项注意”简明扼要，堪称党和军队制度建设的“双璧”，它的颁布，对于保证中央政策的正确贯彻执行，对于保持党的先进性、纯洁性，对于弘扬党员的浩然正气，对于动员广大人民群众与党一起共渡难关、克服经济困难，都产生了积极的影响，即使在当今的新形势下，仍然具有很重要的现实意义。

为什么说党员正直不正直，要看他办事公道不公道呢？我们可以举一个例子：2005年3月18日，河南省沁阳市太行街马坡村党支部书记、村委会主任王东明突然去世，全村人为他送葬，这种情景在这个村从来没见过。

为什么王东明的去世让这么多人悲痛？乡亲们这样敬重他，沁阳人这样爱戴他，他生前究竟为群众做了些什么？在他身上到底有怎样的神奇力量？又给后人留下了什么呢？我们忍不住猜想。从沁阳市市委书记、市人大常委会主任铁代生对王东明的评价上，我们或许可以找到问题的答案，他说：在他身上，充分体现了共产党人品行端正、执政为民、一心为公、奉献一生的高尚品格，体现了“群众再小的事也是大事，自己再大的事也是小事”的赤子情怀。王东明同志是农村党支部书记、村委会主任的好榜样。

村里人都说：“东明办事公道，是个正直的人，是为我们才累倒的呀……”悲声哭英雄，热泪送东明。

王东明常说：“当干部，就得办事公道，一心为公。”他办事有一个准则：一切以群众的利益为标准，有利于群众的就干，不利于群众的，天王老子也不行。为此得罪了不少“有头有脸”的人，但是“正直”的称号却一直环绕着他。

王东明任职的马坡村有一个翻砂厂，因为一直被村里的一个恶霸占着，群众敢怒不敢言，两届村干部都没有办法。王东明上任后，多次要求这个人将厂子归还集体，但此人死活不给。王东明敢较真，不怕威胁，据理力争，硬是收回了翻砂厂，每年给集体增收租金7000多元。

一位承包商在2005年3月，想要租种马坡村的滩地，双方以每亩年租金350元的价钱达成了租种5年的合作意向。为防止合同被单方撕毁，王东明要求对方预付2万元的押金，而承包商只同意先付1万元，双方僵持起来。后来，承包商私下找到王东明指着手里的一沓钱说：“只要你把押金降下来，这5000元就是你的。”王东明说：“2万元押金不能少，我不能以牺牲乡亲们的利益做交易。”最后双方握手言和，王东明以他的气魄和正直赢得了承包商的赞许。

王东明的正直，人人称道。他办事不分亲疏，在村规、民约面前人人平等。王东明的小妹夫是城市户口，没地种，也没工作。一天，他找到王东明说：“哥，我拿5000元把我的户口转村里可以吗？”“你拿3万元也不中。在咱村，像你这样的情况很多，这个口子不能开。”王东明严词拒绝了他。

王东明为了维护好老百姓的利益，从来不乱花村里一分钱，却给村里贴了不少钱。王东明当上村党支部书记、村委会主任后，把1949年参军、1952年入党、1964年当过村干部的老同志吴平请出山，担任村里理财小组组长。吴平说：“从我当组长以来，王东明没在我这里走过一张白条，没有见到过一张吃饭的报销条。”在村里修路寻找资金、发展香菇生产、招商项目洽谈等工作中，王东明究竟烧了自己多少油，花了自己多少钱，谁也说不清楚。但是马坡村群众的眼睛是雪亮的，乡亲们的心里自有一本账。

王东明同志，一个普通得不能再普通的村党支部书记，以他的浩然正气秉公办事，全心全意为人民群众谋利益，赢得了乡亲们的爱戴，忠实地履行了共产党人的职责，为我国广大农村基层干部树立了榜样，在群众心中树起了一座展示新时期共产党人风采的丰碑。

党员领导干部处理事情最重要的是公道正派，要“一碗水端平”，过得了亲情关、友情关。处理公务时角色定位一定要准，否则就会迷失方向、丧失原则、失信于民，不仅毁掉了自己的声誉，更威胁到党群关系。

王东明同志为广大党员树立了处理个人和群众以及群众和群众之间关系问题的好榜样：不论关系亲疏，职位高低，一律以热情的态度提供服务，一律按规章制度办事，按党的方针政策办事，该解决就解决，该怎么办就怎么办，绝不以关系远近来做事情，绝不搞拉关系走后门那一套，以正直的心态公平对待，一视同仁。如果党员不能正身，处事不公，党群关系就会恶化，凝聚力就会下降，就会产生离心力。为此，党员必须树立公正意识，做到清正廉洁、办事公平合理。

秉公用权，光明磊落

作为党员，在为国家、人民服务的过程中，必须讲党性。何为党性？党性的核心就是全心全意为人民服务。然而，有的领导干部却与之相反，他们利用手中的权力，没有秉公办事、公道处事，反而谋取私利，甚至触犯法律。可想而知，“公道”、“正直”已被他们抛之脑后，私欲熏心，权力最终把他们送向了深渊，他们为后人留下的也只能是骂名。

据有关调查资料不完全统计：1998年，被查处的省部级领导干部有12人，其中有广东省人大原副主任于飞以权谋私案，湖北省原副省长孟庆平违纪违法案，广西壮族自治区政府原副主席徐炳松受贿案等。

1999年，被查处的省部级领导干部增加到17人，其中有江西省原副省长胡长清索贿受贿案，宁波市原市委书记许运鸿以权谋私案等。

2000年，被查处的省部级领导干部竟达22人，其中有宁夏回族自治区政协原副主席周文吉严重违反组织人事纪律案，全国人大常委会原副委员长成克杰严重违纪违法案，还有湖北省原副省长李大强以权谋私案等。

这些案例中的许多罪犯都曾是权倾一方的干部，但是他们把手中的权力当成了满足个人私欲、获得个人利益的砝码，为民服务变成为己服务。有些人受歪风邪气所诱惑，利用职务之便，以职谋私，中饱私囊，根本谈不上正直这个基本的道德素养。其结果是，他们的口袋鼓起来了，党和国家、人民的利益受到了极大的损害。

许多人在岗位上贪污受贿，徇私舞弊，就是没有守住做事要出以公心、秉公办事这条准则。我们应该反省，职务和岗位所赋予的权力，都是用来处理公事的、为民服务的；如果利用职务之便谋取私利，那就是假公济私、损公肥私、公私不分。继续下去，“不给好处不办事，给了好处乱办事”，见利忘义，不仅不道德、不正直，还会走向违法犯罪。

因此，我们要牢牢记住，我们手中的权力是党的，也是人民的，必须代表人民掌好权、用好权，清正廉洁，办事公道，秉公办事，做到权为民所用，以人民群众的满意度作为衡量工作的标尺，坚持正确的权力观。只有这样，才能品行端正人人敬。

2002—2003年，《人民日报》等众多媒体报道了一个无私奉献的楷模——原湖南省发展计划委员会以工代赈办公室主任龙清秀，年仅53岁，因积劳成疾，于2001年2月15日病逝。

苗族女干部龙清秀，1985年开始从事以工代赈工作，曾荣获全国妇联授予的“巾帼建功标兵”荣誉称号，国务院授予的“民族团结进步模范”荣誉称号，人事部、发展计划委员会追授龙清秀“模范公务员”荣誉称号、湖南省“三八红旗手”荣誉称号。

从2001年2月13日开始，龙清秀陷入昏迷状态。由于虚汗湿透了她的内衣，医生吩咐给她换件内衣。她妹妹刚要给她换内衣，她突然醒了，用力拽住衣服不放，弥留之际，却不知她哪儿来那么大的力气，妹妹怎么拽也拽不过她。妹妹吼道："大姐，你必须换，不然会感冒。"龙清秀用最后一口气说："我要穿本色衣……""本色衣"，妹妹明白了，姐姐平时最爱穿的就是那种8元一米的土布做成的"本色衣"。2001年2月15日，龙清秀——这位生前曾亲手批过24亿多元以工代赈资金、被人们称为"在钱堆里打滚"的人，穿着8元一米的土布做的"本色衣"离开了人间。

"本色衣!"这是龙清秀同志留给我们的最后一句话。

龙清秀去世后，几个妹妹含着泪来到她家里为她整理衣物，打开衣柜，里面空空的，除了几件旧衣外，找不出一件像样的新衣来。这就是一个生前审批过24亿多资金的计划干部!这就是一个手握实权的政府公务员!是龙清秀不会享受吗?不是。是正直的道德素质指引着她，是全心全意为人民群众服务的心态牵引着她，让她把一颗心全放在了贫困群众的身上。当人民群众碰到困难时，她总是慷慨解囊，力所能及地帮助他们。古丈县的张东林家失火，她送去1000元；桑植县的李红梅翻车受伤，她又送去1000元；沅陵县宋泽江同学家境贫寒，她资助600元帮他圆了大学梦……这一笔笔节衣缩食挤出的钱，饱含了龙清秀对贫困群众的深情厚谊。

龙清秀活了53岁，留下了53页廉洁单，上面记载着龙清秀退还或转交礼物、礼金的一笔笔数字。最小的一笔是38个皮蛋，按价寄给了送礼人；最大的一笔是6600元，转交给平江县长寿光荣院。她先后共退礼金120次，退物48次，退款金额达49788元，还有一部分礼金写着"不详"的字样，也就是说，龙清秀同志连礼包也没有打开。

"53"这个数字也许是巧合，但却是她一生清廉、两袖清风的见证。

龙清秀同志在日记中写道："人格比生命更重要。"正是有了这种信念，她才能做到送礼不要、宴请不到，真正体现了一名共产党员的高尚品格。对别人送的礼金，她一概严词拒绝，如数退还。对身边的同事她也经常告诫说："有的人为了钱，最后身败名裂，不值得。守住清廉，心里踏实。"以工代赈办直接负责实施国家下达的以工代赈计划，是个很特殊的岗位。她经常告诫同志们："以工代赈资金是救命钱，谁也不能乱动。一定要把这笔有限的资金管好、用好，使它发挥最大的效益。"常言道："常在河边走，哪有不湿鞋。"可龙清秀硬是做到了一身正气，两袖清风。她常常提醒同事："搞以工代赈，管项目管钱，是炉灶边的厨师火边的柴。可要经得住考验啊!"

为守住这份清廉，经得住考验，龙清秀同志为自己设了"三关"。第一道关：门卫关。74岁的门卫老人说："我干了9年，小龙总是千叮咛万嘱咐，如果有人来送礼，就说我不在。"第二道关：家属关。送礼的人，门卫如果挡不住，就由她的儿子和丈夫出面挡。第三道关：自我关。前两道关如果都挡不住，她就折价退款。

一次，一位领导知道龙清秀到其管辖的县里来了，晚上便去住地看望她，顺便带去了点腊肉和两条烟。龙清秀实在推辞不过，只好收下。可事隔不久，这位领导就收到了龙清秀寄来的200元钱。这位领导有些生气，认为龙清秀不近人情，打电话说："我现在没有分管这项工作，又不是求你办啥事，这只是作为私人朋友的一点心意。"龙清秀解释道："我就是要养成这个习惯，谁的东西也不收。不然关系好的收了，那跟谁又关系不好呢?"

在她去世前的住院期间，一些亲朋好友和基层干部来看她，送了6000元钱。她对来探望的湘西土家族苗族自治州以工代赈办主任郭汉辉说："大家来看我，送我这些钱，不好推辞掉，上交了又怕伤大家的感情，请你帮我转交给学校吧，供那些上不起学的穷孩子读书。"

这6000元钱是龙清秀同志转交的最后一笔礼金，也是她奉献的最后一片爱心。

以工代赈工作政策性强，在政策面前，龙清秀从不徇私情，从不拿原则做交易，即便对家乡、对亲人也毫不例外。在外人看来，这是份很容易让亲朋好友发财的工作，但在群众看来，只要龙清秀在任，以她的秉公用权，不以权谋私的品德，发财是件困难的事。

1997年，她公公在乡下去世，单位派公车送她回家奔丧。回到单位后，她硬是向办公室交了200元租车费。车上的发动机恰好那几天坏了，维修费用也由她出了。后来审计厅的同志在查账时看到了，佩服地说："龙主任，不简单，过得硬!"

龙清秀妹夫所在的单位发不出工资，妹妹想让她出面给县领导打个招呼，给他换个单位。龙清秀耐心地说："现在下岗的人不止他一个，帮他调了工作，别人怎么办？又会怎么看咱？"

1998年，龙清秀唯一的儿子从湖南商学院毕业，亲戚劝她说："你只有这一个孩子，无论如何也得给他找一个安稳的正式工作。"龙清秀说："年轻人应该多磨炼，多奋斗，让他自己努力吧，我不能利用手中的权力给他安排工作。"后来，她儿子先是在长沙一家电机公司做推销员，后来到汨罗、北京打工。作为母亲，她不可能不心疼自己的儿子，但她更不想让手中的权力掺杂进一点私情。

龙清秀的老家在古丈县桐木村，有一次村干部找她，想申请点资金打通一条出山的公路，但她婉言拒绝了，说："家乡穷，乡亲们苦，我心里清楚，但目前古丈县不是国家贫困县，以工代赈资金不能往那儿用，请你们谅解。"

龙清秀有一个表哥，在村里做支书，所在村很穷，想上省城找表妹申请点项目资金。临行前，他曾拍着胸脯对村民说："我和清秀从小一起长大，跟她申请点项目资金，多少得打发咱点!"可当他千里迢迢来到长沙时，却碰了一鼻子灰。龙清秀好言解释："政策是国家定的，我没这个权，也不能破这个例，你是我亲表哥，你问我要钱，我为难，全省这么多人，我都得照顾啊。”

龙清秀同志逝世前几天，还打电话给桑植县委书记陈美林，询问桑植到龙山的公路建设情况。龙清秀同志逝世当天，噩耗传到桑植，正在参加“三个代表”学习教育培训班的全县乡镇党委书记、乡镇长们听到这个消息都悲恸欲绝。官地坪镇党委书记王军哽咽着说：“多年来关心、支持我们贫困山区的龙清秀同志与世长辞了！小时候我听过焦裕禄的故事，工作后又学了孔繁森的事迹，龙大姐就是我们身边的焦裕禄和孔繁森。”听到龙清秀同志去世的消息后，数百名老少边穷地区的各族干部群众自发赶来，只为看她最后一眼；遗体告别仪式原定于上午9点50分开始，可从早上7点半起，吊唁的人群就陆续赶来，工作人员赶制的600朵小白花一会儿就发完了，原定两三百人的吊唁会突破了千人。就像送别自己的亲人一样，个个泣不成声，人人伤心垂泪。73岁的老人向桂香，过了些日子才听到龙清秀同志逝世的消息，埋怨县里的同志说：“龙主任过世了，你们怎么不告诉我呀，我就是爬，也得去看上她最后一眼。”

龙清秀的事迹催人泪下，感人至深。对于她的事迹，人们由衷地赞叹：她一生都在堂堂正正做人，认认真真做事，清清白白做官，公公正正办事，全心全意为人民服务，是广大党员干部正身、立行、用好手中权力、当好人民公仆的楷模。

敢讲真话，实事求是

正直，还要求我们党员在实际工作中，敢于挺直腰杆讲真话，实事求是做事情。在工作中，有这样一些人：对待领导，只说“漂亮话”，只做“有益事”；对待同事只说“赞美话”，只做“恭维事”；遇到矛盾总是绕道走，该表态时没态度，该讲话时无话讲。他们真的没有态度、话语吗？当然不是，是他们认为为群众服务群众也不知道，反而会因为说真话得罪领导得罪同事。权衡利弊，他们宁愿说假话，不实事求是。结果，就出现了一个怪现象：本该可以挺直腰杆大声讲出来的真话，到了很多人那里，反倒成了“假话”，讲起来也理不直气不壮、小心翼翼、瞻前顾后，甚至偷偷摸摸。这样下去，只会离“正直”的要求越来越远，问题也会越来越严重。

挺直腰杆讲真话很难吗？确实不容易，但绝对不是做不到。只要我们怀揣着共产主义信念，坚守正直这一道德准则，就能够做到，就像首届“全国十佳律师”、优秀共产党员马军，在他身上我们可以看到勇敢讲真话是如何维护“正直”这面旗帜的。

1.实事求是，不会“迎风倒”

所谓“迎风倒”，是一种比较形象的比喻：比如一丛草，或一棵小树，其状态永远取决于风，风朝哪边吹，它就向哪边倒。在工作中，“风”指大趋势，或许这种趋势的方向不对；“倒”指党员的跟风，“倒”则不正，不言而喻，这与正直南辕北辙。

党员中不乏这样的人，凡事总是见风使舵，无立场无原则。这种人，怎么可能做到讲真话？但是优秀的党员往往与他们相反。他们实事求是，决不会“迎风倒”。例如我们上面提到的马军。

当时云南省发生了这样一个案件：一位副厅级干部，被指控与一位著名画家合伙，以占用私人住宅补偿为名，伪造假合同，诈骗公款万余元。因被告位高权重，相关材料很快被转到了当时中央的一位领导人手里，这位领导人当即批示：“严肃查处！”这样一来，这个案件立即成了大案要案。当时以省司法厅律师身份参加联合调查组的马军经过查证，发现了另一个事实。而这一关键事实，完全可以将原来的结论彻底推翻。但案件已经被中央领导定案了，想翻案并不容易。从省到中央，要过很多人的关，即使发现了问题，也不会有人作声，免得费力不讨好，很多人都选择睁一只眼闭一只眼。但马军不同，他认为既然掌握了重要证据，就有责任站出来说真话，为被告人申辩，不允许错判误判，这是身为律师的职业道德，当然结果我们可以猜到，要不然马军也不会为人称颂。

马军的行为跟很多人在工作中的作风形成了鲜明的对比，“说真话太容易得罪人惹麻烦，谁不想少一点麻烦”、“说真话会被同事取笑，还是不说真话的好”、“说真话就会挨批评，在领导面前，要学会讲领导爱听的话”。长此以往，党何为党？

2.不怕风险，勇于坚持

有些人，尽管也敢讲真话，但当遇到压力和阻力时，就会胆怯、退缩，没有勇气坚持，害怕承担风险。但马军却不这样。要知道他面对的是一个“通天”大案，并不是一个小老百姓的普通案件，关系到党的尊严和威信，翻这种案件有多难，不用想我们都能猜到。但是由于马军掌握了重要证据，并且足以翻案，在他的不断坚持下，省委决定召开专门会议，听取他的汇报。

在那次汇报中，马军一次次被打断，但马军的观点始终不变：“我的动机很明确，‘文革’早已经结束，我们的党，我们的国家和人民，都不允许再出现冤假错案。”

最终，在他的努力下，案子得到了公正的解决，那位中央领导人得知这件事情以及案件的最终结果后感叹道：“要不是这个好后生，或许我要留骂名。”也就是说，幸亏马军坚持讲真话，实事求是，要不然案件不仅得不到公正的解决，他还会犯严重错误。

我们在工作中难免也会遇到类似的情况，比如，作为下属，领导已经制定了实施战略，但你发现其中有漏洞，假如按照战略实施，会带来严重的后果。那你会怎么办?是选择沉默还是勇敢地说出来？说出漏洞，就等于挑领导的错，那不就是得罪领导吗？得罪了领导以后还怎么混！即使将来出了问题，承担责任的也不是我，何况我不说，谁会知道我看出问题了?勇敢说出来，领导能领我这个情吗？但是，不能犹豫，作为一名党员，说出真话，是职责所在！

3.勇讲真话的三大方面

刘建武曾写过一篇《讲真话是保持共产党员先进性的基本要求》的文章，文章对于讲真话的要求，对我们以正直护身有很大的启发。

（1）讲真话，就要讲反映真相而合乎事实的话

检验一个人讲的是不是真话，最根本的标准，就是看这些话是否符合客观实际。这就要求讲话者正直，破除迷信，解放思想，不唯书，不唯上，只唯实。只有坚持在事实面前人人平等，才能够讲出反映真相而合乎事实的话，才是个正派的人。

（2）讲真话，就要讲发自肺腑而反映真心的话

发自肺腑而反映真心，就是要排除一切私心杂念，尊重事实，讲反映自己真实情感的话，讲"掏心窝子"的话，讲诚心诚意的话。共产党员对人对事要开诚布公，要光明磊落，丝毫不隐瞒自己的观点和看法，有什么意见，有什么想法，有什么批评，不用顾虑太多，都要掏心掏肺地说出来，明明白白地摆到桌面上来。不能言不由衷，心口不一；不能会上不说，会下乱说；不能口是心非，阳奉阴违；不能当面一套，背后一套；不能唯唯诺诺，看着他人的脸色说话办事。只有这样讲话的党员，才是个正直的人。

（3）讲真话，就要讲代表民意而反映真情的话

共产党人在任何情况任何时候，都要以民心、民意为讲话做事的准绳，做的事说的话都要符合和反映人民群众的真情实况、真实愿望和真正要求，只有这样才能得到人民群众的真诚拥护和支持。要做

到这一点，首先就必须弄清楚人民群众究竟在想什么、盼什么、愁什么、需要什么和憎恶什么……把群众的呼声当成第一信号，把群众满意作为第一标准，使自己所讲的话有情有义、真实可信。只有这样讲话的党员，才是个可敬的人。

要挺着腰杆讲真话不仅是正直的表现，更是实事求是的表现。为人正直，也要敢于实事求是。做人做事实事求是从古至今已源远流长。“实事求是”最早出现在《汉书·河间献王传》里，原指河间献王刘德在做学问时注意掌握充分的事实根据，然后再从事实中得出真实的结论来。唐代学者颜师古把“实事求是”批注为“务得事实，每求真是也”。毛泽东给实事求是赋予了新的内容，并把它提到了党的思想路线的高度。实事，就是客观的、变化的实际情况；求是，就是找出事物本身固有的规律。正是这种实事求是精神造就了一大批敢于坚持真理的可敬人士。

安徽凤阳县小岗村农民，眼见“左”的农村政策给农村经济造成了极大的损害，地荒人逃，饿死人的情况时有发生，秘密搞起了“包干到户”。但当时的制度明明白白写着这是资本主义，在走资本主义道路。邓小平热情赞扬了小岗村农民的创造，肯定了家庭联产承包责任制的社会主义性质。短短几年，农村面貌大变，改革取得巨大成绩，正是：“忽如一夜春风来，千树万树梨花开。”现在小岗村已成为我国农村改革的光荣起点，小岗村农民在“包干到户”时立的那个字据也被革命博物馆收藏。

这种敢于和不正确的事物做斗争，敢于坚持实事求是，堪称正直的楷模，永远值得后人歌颂和学习。

实事求是是马克思主义理论的基石，是毛泽东思想的精髓，是中国共产党的思想路线，是党员干部为人处世、从事各项工作的根本原则，是树立正确世界观的基础，是中国革命和社会主义事业兴衰成败的关键，也是我们党永葆生机的法宝。实事求是是共产党志士和仁人苦苦拼争、孜孜以求的，值得用金字大写，应当永远铭记于心、付诸行动的精神食粮。

实事求是是邓小平一生最看重，也是强调最多的一句话。他称自己是“实事求是派”。他曾深刻地提出：“一个党，一个国家，一个民族，如果一切从本本出发，思想僵化，迷信盛行，那它就不能前进，它的生机就停止了，就要亡党亡国。”他具体分析了党从创立开始，到建国后党的思想路线形成与发展的全过程，提出：“什么时候我们遵循了实事求是的思想路线，革命和社会主义建设事业就胜利、就发展；什么时候背离了实事求是的思想路线，革命和社会主义建设事业就遭到挫折，乃至失败。”邓小平同志曾谦虚地说：“我读书并不多，就是一点，相信毛主席讲的实事求是。过去打仗我们靠这个，现在搞建设、搞改革我们也靠这个。”树立实事求是作风被他看作党员干部作风修养中“最主要、最根本的东西”。他在1992年初的南方谈话中，谆谆教导大家：“实事求是是马克思主义的精髓。”党员干部无论是对己、对人，还是对事，都要做到不唯书、不唯上，只唯实。

“不唯上、不唯书、只唯实”是陈云同志从他几十年的实践经验中总结出来的箴言。“交换、比较、反复”，概括出了充满唯物辩证法的工作方法和领导原则，是对毛泽东实事求是思想的创造性阐发。只唯实，就是一切从实际出发，实事求是地处理问题，这才是最靠得住的。一切活动都需要寻找这个规律，忽视和丢弃实事求是，我们的事业就会发生失误，受到挫折。就像人无法提着自己的头发离开地面一样，我们只能去符合、驾驭和享用它。

清正廉洁，官之底线

所谓“清正”，是指清白、正直，就是要洁身自好，明辨是非，刚正不阿，办事正派。党的十七大要求党员领导干部要真正做到讲党性、重品行、做表率，时时处处牢记责任，严于自律，树立正确的权力观，深刻认识权力的本质属性，搞清楚手中的权力是怎么来的、用来干什么的。在我们社会主义国家里，领导干部手中的权力是人民赋予的，为人民谋利益是领导干部行使职权的出发点和归宿。一个党员只有这样才能营造干净、清纯的政治氛围，正派的行为操守。

在改革开放的今天，清正廉洁、人人敬仰的党员干部也层出不穷，王瑛就是其中的一位。

王瑛，女，回族，四川省阿坝州小金县人，中共党员。王瑛1982年7月参加工作曾先后多次荣获上级表彰。她是南江县原县委常委、纪委书记，一身正气，从不畏惧任何邪恶。被大巴山人民称为“永远的巴山红叶”。

王瑛虽然是女性，看似娇小柔弱，可是却让那些违法乱纪之人闻之心惊，就因为她“有案必查，查就查个水落石出，办就办个铁板钉钉”。

2003年5月的一天，一封举报南江县公安局城东派出所干警何某在办案中玩忽职守致人死亡却逍遥法外的信访信件从市纪委转到了王瑛手中。王瑛立即召集人分析案情，并成立专案组迅速展开调查。

然而，案件查办当中却是困难重重，越是到关键时刻，阻力越大，有人甚至扬言：敢查这个案子怎么怎么着……王瑛没有退缩，更没有被吓倒。她相信：“自古邪不压正。”并以此来鼓励办案人员，坚决一查到底，让真相大白于天下。专案组同志深受鼓舞，又全力以赴投入到办案之中。

为打开工作局面，王瑛曾连续五天五夜奋战在办案第一线，吃住在办案地点，亲自对主要涉案人员进行谈话，相继突破3名关键人物，案件查办取得实质性进展。两个多月里，王瑛既当指挥员，又当战斗员，果断查结了这起重大案件，10名违纪违法人员受到应有的法律制裁和党政纪处分。

2005年4月，县纪委、监察局在专项资金检查中，发现县水利局有重大违纪问题，在对涉案6人立案调查时，涉案人员纷纷通过亲戚、朋友、领导关系找王瑛说情，一时间，她的寝室、办公室电话声不绝于耳，连下班时间也有人登门说情，均被她一一回绝。

最终查清水保办套取专项资金58万余元进行私分的事实，4人被移送司法机关，均被判刑。在查办县供销社原法人代表扣留下岗职工安置补偿费8万元和单位违规购买小汽车一案时，来自县内县外、方方面面的说情都没动摇王瑛查办此案的决心。该案的查处受到省、市纪委的高度评价。

王瑛办案坚持原则，从不为亲情、友情所绊。几年来，王瑛直接牵头办理疑难案件、典型案件、大要案件达百余件，为国家挽回经济损失近6000万元。

“惩处不是我们的最终目的，教育和挽救干部才是我们的天职。”这是王瑛常说的一句话。她是这么说的也是这么做的，她在对违法乱纪严肃查处的同时，也对被处分的干部格外关心。柳昆同志曾是一名受到撤职处分的公安干警，王瑛同志先后4次与他谈话，要求他正确看待得失，认真吸取教训，从零开始，扎实工作。在她的鼓励下，柳昆同志主动申请到最偏远的大河镇观音寺村担任科技干部，王瑛同志又先后3次到该村帮助他解决具体问题，柳昆深受鼓舞，带领干部群众修公路、建学校、养黄羊，用一年的时间，干出了别人5年都没有干出的事，2005年被县委表彰为“优秀驻村干部”，随后被调到巴中市公安局工作。

几年来，王瑛先后对50多名受过处分的党员干部进行了回访教育，对5名成绩突出的干部大胆向县委推荐，让他们重新走上领导岗位。

王瑛同志在维护党纪国法尊严的同时，对自己的要求近乎苛刻。她清正廉洁，模范遵守纪律，要求别人做到的她自己首先做到，要求别人不能做的，自己首先不做。

当别人玩高档手机时，她用的还是一部旧电话；当别人高级轿车换了一辆又一辆时，县纪委的车就一直没有换过；当别人用高档笔记本电脑时，她用的还是联想第二代产品。2008年3月，单位的电脑大部分无法正常使用，车辆经常出现毛病，许多职工都要求更换电脑，提出买一辆新车。对此，王瑛同志专门召开干部职工会，她说：纪委是执纪的，如果我们去跟“风”，其他单位都会跟“风”，只有我们带好头，不良风气才会得到遏制。

党的好干部孔繁森、郑培民、牛玉儒等都是清正廉洁的典范。

孔繁森，新时期共产党员的楷模，一位一尘不染、两袖清风的好党员、好干部。他在赈灾中认识了三个孤儿，并收留了他们，因为生活拮据，他曾到血库献血，抚养孤儿。但当包工头送红包给他时，他气愤地说：“这昧良心的钱会玷污我的手，烧烂我的心，坏了我这个人!”简简单单的一句话，正直的气息却始终环绕在群众的耳畔。

郑培民同志在拒绝腐败、严守正义上，他自己把“前门”，妻子把“后门”，两个孩子把“侧门”，始终这样要求自己：“灯红酒绿不迷眼，不义之财不伸手。”真正做到浩然正气、一尘不染、两袖清风。

牛玉儒同志，无论权力大小，无论身居何职，他都宠辱不惊，始终“进不失廉，退不失行”，一身正气，两袖清风，保持了一名共产党员克己奉公、清正廉洁的本色。这样为后人敬仰的党员干部的例子还有很多。

清正廉洁是我们党90多年来赢得民心的重要法宝，是我们党永葆先进性的本质要求，也是党员做到浩然正气于一身的首要要素。

自改革开放到现在，我们党的主体始终保持了清正作风，也涌现出了一大批廉洁从政的好干部。但是，一些地方和少数部门内部官员中出现贪污受贿、权钱交易、买官卖官等现象，已成为损害党和人民关系最严重的问题之一，甚至威胁到了党在人民群众中的威信。

不久前，新华网做的一项调查结果显示，人民群众现在最关心、最关注的问题是政府如何解决反腐败问题。由此可见，广大群众对党员干部的基本要求就是清正廉洁，也可以说，党员干部尤其是领导干部要不要清正廉洁，能不能做到清正廉洁，不仅关系到每个人的前途，更关系到群众的命运，甚至关系到中国共产党这个执政党的前途和命运。

中国浦东、井冈山、延安干部学院2009年9月5日举行秋季开学典礼时，时任中共中央政治局委员、中央书记处书记、中组部部长的李源潮指出，在改革开放发展市场经济的大背景下，党员干部必须经得起权力、金钱、美色的考验，经得起改革开放和执政的考验，始终保持清止廉洁、一身正气。他说，近年来，一些干部特别是一批领导干部相继出现了腐败问题，在人民群众中造成了非常恶劣的影响。这些事实一再警示我们，能否保持干部队伍的清正之风，始终是我们党面临的历史性考验。

温家宝总理曾对广大公务员提出了三点希望，其中第三点是，要做清正廉洁的模范。群众看干部，很重视他们的廉洁。只有做到了清正廉洁，群众才承认这个干部。如果说工作上的一时失误可以谅解的话，那么贪污腐败是绝不能容忍的。每名党员都要做到“进不失廉，退不失行”，一身正气、两袖清风，坚决同腐败现象做斗争，这样才能树立清正廉洁的良好形象，为群众所尊敬。

那么，如何才能做到清正廉洁呢？

湖南省泸溪县委组织部杨子晚同志在一篇文章中，给出了下面的几条答案：

（1）加强道德修养

第一，要志存高远，坚定理想信念。理想信念是人们的世界观和政治信仰在奋斗目标上的具体体现。我们一定要树立牢固的共产主义远大理想，矢志不渝地坚持党在社会主义初级阶段的基本路线，为建设中国特色社会主义的宏伟目标奋斗终身，以坚定的理想信念作为扛住各种腐败诱惑、维护浩然正气的锐利武器，做到清正廉洁，无私奉献。

第二，心态平和，淡泊名利。每名领导干部都要时刻牢记当官做人的准则，在日常的工作、学习和生活中做到谦虚谨慎，戒骄戒躁，坚持原则，严守操行，不耍威风，不摆架子，做到作风民主、淡泊名利、心地善良、胸怀宽广。

第三，恪守小节，坚持防微杜渐。

一要慎微。微即微小，出现小的问题和错误之后，不能不解决不改正让它积累和发展，最终由小错铸成大错。

二要慎权。权力可以使人变得崇高，也可以使人走向堕落。每名领导干部都要有一颗平常心，时刻牢记权力就代表了“为人民服务”，代表了自己的“公仆”身份，要不断强化公仆意识，而不能当了“芝麻官”就觉得自己很了不起、高人一等，要始终把自己置于“如履薄冰、如临深渊”的境地，要珍惜党和人民给予的权力，谨慎用好用对手中的权力，兢兢业业、勤勤恳恳、尽职尽责做好自己的本职工作，永远保持领导干部清正廉洁的本色，坚决摒弃把权力私有化、商品化的观念和行为，做到即使没有了权力也能受到群众的尊重。

三要慎欲。党员领导干部一定要树立“思想境界更高一些，坚持党的事业第一，坚持人民的利益第一，为国家、为人民奋不顾身地工作”这种崇高的思想境界，用正确的态度对待物质生活，用严格的纪律约束自己及亲人的行为，不为灯红酒绿的生活方式所动，做到见物不沾、见钱不贪、见色不迷、见肴不馋。

四要慎独。自觉用党纪、政纪和社会公德约束自己，加强自觉接受组织和群众监督的意识。任何时候都把个人置于群众和组织的监督之下，做到单独行动时同生活在集体中一个样，任何时候都不逾矩、不越轨。

五要慎恒。每名领导干部都要持之以恒地学习马列主义、毛泽东思想、邓小平理论和“三个代表”指导思想，把握好建设和谐社会的主题，学习好、领会好、掌握好、运用好中国特色社会主义理论体系，持之以恒地不断加强自身修养。只有这样，才能把自己锻炼成为一个高尚的人、一个纯粹的人、一个有道德的人、一个脱离了低级趣味的人、一个有益于人民群众的党员。

第四，做到谨“爱”慎“好”，情趣健康。大量事实表明，如果领导干部的生活作风不检点、不正派，在道德情操上打开了缺口，出现了滑坡，就很难做到清正廉洁，更谈不上树立威信和形象。要时刻谨记：党员的生活情趣和生活作风，不仅关系着党员个人的品行和形象，还关系到党在群众中的威信和形象。因此，党员要明辨是非，克己慎行，注意培养健康的生活情趣，保持高尚的精神追求，正确选择个人爱好，绝不能沉溺于灯红酒绿、留恋于声色犬马，把低级趣味视为潇洒。坚持择善而交，多同普通群众交朋友，同先进模范交朋友，同专家学者交朋友，对那些怀着个人目的亲近的人保持高度警觉，注意净化自己的社交圈。

（2）要过好权力关，正确对待权力。党员保持清廉，核心问题是如何过好权力关。权力是把双刃剑，它可以使人变得高尚，也可以使人堕向深渊；可以成就一个人，也可以毁掉一个人。党员要过好权力关，就要保持权力天平的平衡。首先要有正确的权力观，克服“有权力就有权威”的思想；再者就是要警惕权力的腐蚀，坚持以堂堂正正的公心自律，以公仆的爱心自责，以普通人的良心自省，以领导干部的责任心自勉，坚决抵制人情、金钱、女色的诱惑，筑牢思想道德防线。

（3）自觉接受监督。能不能正确对待监督，能不能真心诚意接受监督是检验我们心胸是否宽广的分水岭、党性强弱的试金石，也是衡量我们政治态度是否成熟的标志。“失去监督的权力必然导致腐败，拒绝监督的干部终究要犯错误。”许多堕落腐败走向犯罪者，后悔没有人在刚开始犯错的时候提醒，如果有人提醒一下，也许不会走向犯罪的道路。因此，每位党员都要自觉接受舆论监督、社会监督和群众监督，敢于喊出“从我做起、对我监督、向我看齐”的口号，切实做到情为民所系，权为民所用，利为民所谋。

清正廉洁，是人民群众评价共产党员的重要标尺。党员中的领导干部代表国家执行公务，其权力是人民授予的，不是个人所有的。只有正确运用手中的权力，为人民的利益而工作，才能被称为品德高尚的人，才能赢得人民的信任和支持。

第二课

包容——胸襟博大宽广，不计恩怨得失

对于一个人来说，不论你能力多大，也不可能做到面面俱到；不论你权力多大，也无法应对来自各方面的所有问题。海之所以大，是因为它能纳百川，人之所以智，是因为他可纳百言。作为一个共产党人，如果你想有所作为，首先得有肚量，只有纳百言才能见真理；只有经受“冒犯”，才能走正路。

肚量如海，常纳百言

“大肚能容，容天下能容之事；开口便笑，笑天下可笑之人。”宽恕意味着理解和通融，能表现一个人的宽宏大量、光明磊落。它不但是一种交际技巧，更是一种美德。但宽恕不是件容易的事。因为大多数人认为做错了事要受到报应才算公平。因此，“以牙还牙”者屡见不鲜，而“以德报怨”者少之又少。

毛泽东同志曾经称赞朱德“肚量大如海，意志坚如钢”。这样的素养，在工作和生活中非常重要，尤其是“肚量大如海”。心胸越宽广

的人，越能团结人。

然而，很多人都有很强的“怕冒犯情结”：当专家和权威的，不能容忍后辈和新人指出自己的错误；当领导的，不允许底下人有不同意见；当员工的，不能接受同事的建议和批评。而这一切，都源于自己把自己看得太神圣、太重要。不要说大多数时候，别人只是表达自己的想法，并没有故意冒犯、批评你的意思，就算别人真是在给你指出错误，可能说得不到位，那又能犯多大错呢？指出来了是为你好！有改正才能有进步。更何况大家的目标是一致的，就是把工作做好。

在《寿光日报》一篇名为《我们的伯祥书记》的报道中，讲了这样一件关于优秀共产党员、原寿光县党委书记王伯祥被“冒犯”的事，我们来看看他是怎么处理的。

一次，王伯祥到县供销社听取主任张尚敏的工作汇报，在那次会议上工会主席王荣之也参加了。张尚敏在汇报材料中提到供销社的蔬菜一年能盈利一百多万，对于这点王伯祥提出了自己的看法，但王荣之同志对此却有不同的意见，当即表示反对。两个人随即争执起来，面红耳赤。在场的所有参会人员都觉得王荣之不对，即使有意见会后也可以说出来嘛，干吗一定要当着那么多人的面儿和领导争执。会后大家都劝王荣之给书记赔礼道歉，要不然以后的日子一定不好过。但令大家没想到的是，王荣之还没来得及给王伯祥道歉呢，王伯祥已经找到了王荣之，说：“我回去想了想，你在会上说的有道理，我不应该固执己见。”令大家更没想到的是，王伯祥不但没给王荣之的日子添什么难处，还通过这件事情，看到了王荣之办事情从群众利益出发，很有能力，而且从不趋炎附势，把他提升为供销社副主任，给予重用。

我们可以想象一下，一个工会主席竟然在大庭广众之下和县委书记争辩，一点面子都没给当书记的。如果换作一般人，即使表面上不说什么，心里早就恨得牙痒痒了，更不要说主动反思自己，还给“冒犯”自己的人受重用的机会了。但反过来想想，自己就一定对，别人就一定错吗？我们都是普通人，哪可能每件事都考虑周全、做到百分之百正确，别人的意见听听又何妨？而参会的大多数人也犯了“会上不说，会下乱说”的错误，不但没有实事求是，还把正确的事情打上叉号。

别人是对的，有道理的，我们就接受，难道不是对自己最好的提升吗?不要一味地强调和突出自己。因为，自己始终是渺小的，群众才是真正伟大的。

人非圣贤，孰能无过？错了就是错了，掩盖不住。在工作中，很多人尤其是领导，往往不愿意认错，认为认错是件很没面子、很失威严的事。其实错了没什么，坦然承认就是，这既是一种胸怀，也是对自己和别人负责的态度。不会丢面子，也不会失威严，反而给好人品增加筹码。因为即使你认为事情就这样过去了，但别人会看在眼里，想在心里。

我们可以看一个例子：郭秀玲，优秀共产党员，长庆油田公司第一采油厂王南采油作业区王十六计量接转站站长，她就曾遇到过这样的事情，那她是怎样处理的呢?

一次，郭秀玲轮休回来开交接早会。会上她安排一名员工加破乳剂，刚安排完，那名员工就质疑说：“不是20天才加一次吗?现在还不到10天，怎么就加呢？”但郭秀玲明明记得是10天加一次，不可能记错，很固执地让那位员工按自己的说法去做，可没想到的是这位员工比她还固执，当着大家的面就跟她较上了劲。这让做站长的郭秀玲非常难堪，心里也很委屈。事后平静下来了她想了想，员工既然那么坚持，或许人家是对的？于是安排完工作，她赶紧去查相关资料，才发现那位员工说得没错，也不是自己记错了，是在自己轮休的时候，厂里把加破乳剂的时间间隔延长到了20天。那怎么办呢？一般人遇到这种情况，可能会觉得，自己心里知道错了就行了，毕竟厂里的新规定是在她轮休的时间出的，她并不知情，也情有可原。可郭秀玲却很自责，觉得自己不应该没弄清楚情况就发布命令，也是自己工作的失职，不管有什么样的理由，错了就是错了。于是第二天，她当着大家的面，向全体员工做了检讨。郭秀玲主动认错，不但没有降低自己的威信，反而更加赢得了大家的心。

通过郭秀玲的例子，我们可以厘清一个认识上的误区：认错会丢掉面子、降低威信。其实恰恰相反，很多时候，错了还装着什么事都没有发生或者强词夺理、振振有词，往往是最损害自己形象的事情。

你对我彬彬有理，我也对你彬彬有理，是一种和谐的人际关系状态，是我们所希望拥有的。但这只是一种理想的状态，现实当中，我们自己不可能事事做到彬彬有理，更不能去奢求别人对待我们总是彬彬有理，要知道律人先律己。

在工作中，我们经常会遇到别人粗暴、无理的情况。那我们怎么办?你无理，我比你更无理？这样的话事情只会进入僵局或者陷入更大的矛盾，而不可能得到有效的解决。反过来，如果这种时候我们还能以“有礼”对待“无理”，化解矛盾就指日可待。

江西省赣州市公安局交警支队直属大队女警中队的队长王隽彦是一个优秀的共产党员，她的做法很值得我们参考。

她刚当上交警不久就发生了这样一件事：有一次在执勤时，路上有一辆开得左摇右晃的摩托车，她发现后马上上前拦了下来，并礼貌地让车主出示相关证件。开始时车主不仅不配合，还当众挑衅。王隽彦一点恼怒也没有，只是微笑着给他敬了一个礼，礼貌要求他出示证件，并又敬了一个礼。车主依然不理不睬，继续挑衅。王隽彦仍然微笑地看着他，在寒风中站了十几分钟，一直保持着敬礼的姿势。终于男子羞愧了，主动下了车，向她道歉，说自己没有驾照，愿意接受处罚!这就是以“有礼”对待“无理”：你发不发脾气，我都不发脾气；你怨不怨我，我都不怨你；你不理解，我就面带微笑慢慢给你解释。这样一来，什么样的矛盾不能够被化解呢？什么样的人，你不能够处好呢？

作为职员，如果整天只希望受到表扬，一点批评都接受不了，领导哄着才能做事，同事提出的建议也听不进去，那么这个人始终不会有任何的进步，也不可能会有人愿意和他共事。

作为党员，没有容人之量，就不能树立威信，没有威信就不能更好地起到模范带头作用，不能起到模范带头作用，又何以称之为共产党员，又何以体现党的先进性与觉悟性。

作为领导，如果只能听附和、赞美、吹捧的话，就不能够听到不同的声音，也不能够接纳忠言，这样的最终结果是被淘汰。更重要的是，该重用的却没有被重用，不该提拔的人得到了提拔。这样的领导，怎可能有凝聚人心的能力？

善待对手，体谅他人

宽容，是一种美好的品德。但，如何才能做到宽容为怀呢？最重要的一个方法便是换位思考。以对方的观点去想，以他人的角度去看。

一旦学会换位思考，我们就能更容易体谅别人，宽待别人；就能更多角度地看待问题，解决问题；就能化阴霾为阳光，化消极为积极，化干戈为玉帛。我们就会发现，生活原来如此多姿多彩!

有一个富翁，平生最爱品尝各种美味佳肴，因此，他在自己家里建了一个很大的厨房，并招来了很多伙计。这些人都有各自分内的工作，端盘的就管端盘，下厨的就管下厨，洗菜的就管洗菜，每天按部就班地做着同样的工作，各司其职，相安无事。

然而，时间一久，他们纷纷产生了厌倦情绪，不是觉得他人的差事更省力，就是觉得别人的工作更有趣。慢慢地，工作开始不怎么上心，做出的菜肴也不如刚开始那样可口。

富翁发现这个情况后并没有责备这帮伙计，而是下了一道很奇怪的命令：交换各自手头工作，大家角色转换。

伙计们如愿了，终于可以做更有趣的工作了。但是让他们没想到的是，他们并没有因为交换工作而感到快乐，反而发生了更可怕的事件：厨房大乱！

烧菜的挑水时，摔了个嘴啃泥；洗碗的被菜刀割破了手；洗菜的煮了一大锅半生不熟的米；端盘的把厨灶给点着了，厨房被弄得乌烟瘴气……

这下他们体会到了别人的不易，一个个低着头站在了富翁的面前。从此，他们找到了个人的价值，再也不说别人的工作更轻松更有乐趣，再也没有人消极怠工，厨房再次恢复了以往的有条不紊。

曾经有位少年对人生很迷惘，就去请教一位智者，问他道："我怎样才能让自己快乐，又让别人也快乐呢？为什么我对人生如此迷茫？"

智者对他说了三句话，"把自己当成别人，把别人当成自己，把别人当成别人"，深深启发了少年。

把自己当成别人，就是用旁观者的眼光，来了解自己，审视自己；把别人当成自己，就是要站在别人的立场和角度上思考问题，理解他人，体谅他人，避免自以为是；把别人当成别人，也就是不要试图去左右别人的意志，学会尊重他人。

把自己当成别人和把别人当成自己，通俗一点讲，就是要站在别人的角度上考量自己的行为，也要学会体谅别人的苦衷，这其实就是一种换位思考。

每个人都希望别人能够理解自己。受其驱使，我们便会站在自己的角度上看待问题。这往往会引发一系列恶性循环和矛盾。于是，越是矛盾重重，越是难以互相体谅。

如果我们能够跳出这种遇事先考量自身的利益，再顾及他人的思维模式，学会换位思考，就能发现原来矛盾重重、兵戎相见的人也是可以合作的、相处的，世界原来是如此的公平、公正。

作为中国人，提起姚明可以说是无人不知无人不晓，就连美国人提起他也不得不竖大拇指，其中有一部分是他出色的球技，更重要的是他高尚的人格。

喜欢篮球的人可能都记得，姚明刚到美国时，媒体曾说他是NBA第一中锋，这可惹恼了“大鲨鱼”奥尼尔，于是奥尼尔便放出话来：“要让姚明尝尝我的手肘的厉害。”美国记者就此问姚明，得到的回答几乎出乎所有人的意料，姚明是这样说的：“奥尼尔的手肘看上去有很多肉，撞人应该不会太疼。”姚明的幽默和调侃让人对他刮目相看。对于这句话人们有两种不同的看法：有人说姚明大度，也有人说姚明懦弱。

可是又一件事却彻底改变了美国人对姚明的看法。那是在全美直播火箭同灰熊的比赛时，前NBA球员、ABC电视网解说员斯蒂夫·科尔在提到姚明时使用了“CHINAMAN(支那人)”一词。在美国，“支那人”是一个侮辱性的称呼。不过，科尔显然不太清楚这一点。在知道自己使用的词汇具有侮辱性后，科尔专程给姚明打了电话表示歉意。几天后，在新闻发布会上，有记者问起这件事，姚明笑了笑说：“其实事情已经过去了。科尔专门打电话给我，他道歉的态度几乎可以用‘诚惶诚恐’来形容。他显然意识到自己犯错了，但他的态度说明他并不是成心的。在这个时候，我应该表现出自己的风度。”对此,有些记者表示不理解,认为科尔的话已经伤害到中国人的情感,并希望姚明能够给予还击。而姚明却说:“据我所知,科尔在马刺队效力时,曾把法国队友帕克称呼为法国人(FRENCHMAN),他可能以此类推,就把中国人喊成了‘CHINAMAN’。既然他已经为此道歉,那又何必抓住不放呢,这样的话,自己也活得很累啊。”

姚明能够体谅科尔的无心之失,他也理解美国华裔对这一称呼的愤怒:“我知道那些在美国打拼的中国人都很辛苦,我也看过那些以前的华人修铁路的资料。历史的确不能忘记,但我们是生活在现在。一件事归一件事,而现在,这事已经结束了。”

类似事情,在生活中屡见不鲜。有时,你会发现对方完完全全错了,但是对方却茫然不知,甚至不以为意。这时,蠢人的做法就是加以指责;而宽容、睿智、有人品的人会发挥自己品格的光辉去体谅对方。

大多数人把竞争对手看成是与自己作对的异己,是阻挡去路的障碍,是除之而后快的心腹大患,是眼中钉、肉中刺……这是种不仅带有病态,而且还很不“值当”的偏激想法。

真正成功的人,渴望对手,善待对手。当你把对手当成异己、障碍时,对方就会变成洪水猛兽,而当你把对手当成帮手时,那么对方就会成为助你成功的推进器。

当一个人没有竞争对手时,他会很孤独。一个人的旅途,总是会很枯燥乏味,一个人的比赛,更是无聊透顶。这就是为什么在武侠小说中,会有独孤求败这样的人物存在。一个人一旦有了对手,这个人就会产生危机感,才会奋发图强,才会有斗志。一个真正的对手,往往比一帮无能平庸之辈的协助更有意义。当你胜利时,你收获的不仅是鲜花,更是战斗的激情。对手,就好比一剂强心针,能够一下子把你慵懒的神经激活,人也跟着“活了”。

“我感激那些在事业上支持我的人们,然而,我更感激那些不断鞭策我的对手。”一位成功人士在演讲中这样说道。这不是一句客套话，他也不是在冷嘲热讽那些竞争对手，而是这位成功者由衷而发的感言。他知道，善待竞争对手，就是在善待自己，一个人如果不能包容对手，那么他的人生之路会少一些稳健、少一些扎实。

有一个孩子，天天在学校打架，有一天问自己的父亲：“爸爸，我的性格最像谁呢？”

“最像那个经常跟你斗嘴的人。”父亲意味深长地回答。

是的，对手，恰恰就是那个与你性格相像、观点相近的人，他更像是一面镜子，看到他也仿佛看到了自己。所以，当遇到对手时，别急着迎头周旋，而应该去看对方身上的优劣，反省自己，那些优劣往往也可能出现在你身上。

当你面对对手时，光靠诅咒、阴谋和攻击，只会胜之不武。一个人的恨，可以挑起世界大战，而爱，则可以遮掩一切过失。只有用一颗善心、一颗爱心，去征服对方，才是上上策，才是真正的成功，才能收获善果。

不去正视对手，尊重对手，更不去学习对手所长，凭借匹夫之勇，为一己之私，是不可能成就大事业的。巷尾骂街的泼妇，街头抢夺地盘的地痞，他们不会善待自己的对手，只有蝇头小利和一己私欲。

当我们抓起泥巴砸向对手时，弄脏的，先是我们自己的手，而当我们手捧鲜花赠与他人时，首先闻到芳香的、感受喜悦的，也是我们自己。所以，善待对手，也就是善待自己，当我们面对一个竞争对手的时候，要时刻叮嘱自己善待对方，因为我们的善意会让自己尝到善果。

计较太累，吃亏是福

古语说得好：“满者损之机，亏者盈之渐，损于己则益于彼，外得人情之平，内得我心之安，既平且安，福即在是矣。”吃亏人并不傻，对于一个人来说吃亏可以让其变得成熟，是其埋下的睿智种子，等待日后的收获。

有一则寓言，说的是有两个人去地府投胎，阎罗王问他们下辈子自己是要过“付出”的人生，还是“接受”的人生。选择“付出”的人，成了一个乐善好施的大富翁；而选择“接受”的人，成了一个乞丐，一生以乞讨为生。

这个寓言告诉我们：一个不计得失，懂得付出，具有不怕吃亏人品的人，才能拥有一个富足的人生。相反，一个爱贪便宜，一味接受，锱铢必较的人，他的人生必然贫困潦倒。

一个聪明的人往往是懂得吃亏的人，这是一种能观全局的眼光，是精明睿智的妥协，是不去强争的气度，是为了获得更大更长远的利益，是为了拓宽道路，谋求大战。商界巨子李嘉诚可以说是吃亏吃出的滚滚财源。

20世纪40年代，李嘉诚的父亲病逝，作为长子的他，为养家糊口不得不放弃学业，去一家钟表公司打工，之后又到一家塑胶厂当推销员。其他同事每天只工作8小时，而李嘉诚工作16小时，天天如此。常人看来，李嘉诚为家而放弃学业，对于其他兄弟姐妹来说是吃亏；李嘉诚每天比同事多工作那么长时间，同样也是吃亏。但结果却是，李嘉诚一年的业绩，就超越其他6位同事的总和，销售成绩更是第二名的7倍之多。一年后，他当上了销售公司总经理。

李嘉诚常说一句话：“有钱大家赚，利润大家分享，这样才有人愿意与你合作。假如拿10%的股份是公正的，拿11%也可以，但是如果只拿9%的股份，就会财源滚滚。”

把更多的利润让给别人，看起来是件十分吃亏的事，可正因为这一点，才会有更多的人想与李嘉诚合作，生意自然没有做不大的道理。结果，李嘉诚才是占了最大“便宜”。

李高峰，河南周口人，刚到北京找工作时，看到住所附近河道里堆满了垃圾。于是他自己出钱买工具，自己动手清理河中的垃圾。而这一行动，他坚持了10年。也是通过这件事，越来越多的人认识了他。2001年，经人推荐，李高峰做了《北京青年报》的一名送报员，月薪2000多元，可是在2005年，他却辞掉了《北京青年报》的工作，走进朝阳无限社区做了一名保洁员，月薪只有800元。别人都不理解，原来李高峰看中了保洁员每天只工作5个小时，因为其余时间他可以去做自己热衷的环保公益“事业”。

李高峰每天忙碌在环保工作第一线，用自己的扫帚和热情扫遍了北京朝阳区的每一个角落，并且这种纯义务工作一直坚持着。2007年，在他的发起下，还成立了河南在京人员志愿服务队，在北京街头设岗做好事，参加各种公益活动，到奥运会去当志愿者，队伍也从他一个人发展到800多人。

很多人说，李高峰贴钱贴时间为大家义务服务，是吃大亏了。可就是他的吃亏精神，却得到了温家宝总理的赞扬。说他不仅为河南人争了光，也为首都和国家争了光。而大家给他的“北京好人”的称号，则更是一种无形资产，绝不是用钱可以买得到的。

而李女士在短短一年时间把自己的服装生意做到全国各地靠的就是这种吃亏精神。刚开始做生意时，有个顾客买了件毛衣，都快一个月了，回来非说毛衣上有个洞，吵着要退货。周围的商户都出来替李女士打抱不平，认为这个洞是谁弄的还不一定。但李女士还是为那位顾客换了件衣服。

也正是因为这些，很多人来商场都会到李女士的店里看，顺便挑几件衣服。问他们为什么？原因是在这里买东西放心。

是人都有利己之心，面对诱惑、选择都会不自觉地趋利避害。大多时候我们会认为，应该确保自己的利益。然而，真正的大智慧却恰恰相反，他们往往觉得计较太累。

李真，原河北省国税局局长，28岁即成为省委第一秘书，34岁成为全国最年轻的正厅级国税局局长，还曾被列为国家税务总局和河北省人民政府双料后备干部，却最终从呼风唤雨走向毁灭。

曹文庄，原国家药监局注册司司长；秦裕，原上海宝山区区长；周良洛，原北京海淀区区长……一批年轻干部纷纷落马。

他们落马当然不能排除一些别有用心之人，利用年轻干部社会经验缺乏的特点，"下猛药、出重拳"、"财色酒气"等糖衣炮弹的袭击。而细想一下，如果这些年轻干部道德防线强一些，能那么容易被击倒吗？如果少一些占便宜的心，多一些为人民服务甘愿吃亏的心，最后能沦为某些不法之徒豢养的"家奴"，将党和人民赋予的权力拱手相送吗？

据报载，河南有个叫李天成的村官，他有一首《吃亏歌》值得年轻干部深思："当干部就应该能吃亏，能吃亏自然就少是非；当干部就应该肯吃亏，肯吃亏自然就有权威；当干部就应该常吃亏，常吃亏才能有所作为；当干部就应该多吃亏，多吃亏才能有人跟随；能吃亏、肯吃亏、不断吃亏，工作才能往前推……""吃亏是福"是句古训。要知道能在艰苦的地方吃点苦，吃点亏，恰是长本事的关节点，是难得的历练，能吃得眼前物质的"亏"，收获了精神的"福"，也许你吃了小亏，得到的是大福。换句话说，就是要算"大账"，别算"小账"。

作为一名党员，特别是党员干部一定得记住：算盘打得太精，怕吃亏，遇到困难绕着走，不揽事，不干事，无疑是给自己的形象减了分。

善于吃亏，甘于吃亏

人与人相处，磕磕绊绊，摩擦、冲突，在所难免。吃亏，或占便宜，是生活的常态。当我们占了便宜，就高兴得不得了，以为天上掉下来了个大馅饼，而且还正好砸到了自己脑袋上。可是，一旦吃了亏，便捶胸顿足、惆怅不已，有些人甚至郁郁寡欢，就此一蹶不振。殊不知，砸到脑袋的那个馅饼可能会砸晕自己，吃的亏也可能不是亏。如果我们对得失如此耿耿于怀，那么我们自己将永远会受到伤害。

很多人认为，吃亏就是吃亏，其实未必。越是吃不了亏，往往越是会吃亏，而且还是吃大亏。吃亏未必不是福，这个福，也许当下没有显现出来，但是会在十年二十年甚至对你的后辈显现出来。只要眼前这个亏你不怕吃，必然会有一个“大福气”在日后等着你。肯吃亏是一种智慧，是大度的胸怀，但前提是你得是主动的，是心甘情愿的。

现在的中国，提起牛根生可能有些人还不大认识，但他创建的蒙牛集团却是无人不知无人不晓。牛根生出生于1958年，原来不姓牛，是未满月就被作价50元人民币卖给了养牛的牛家，才得此名。

很多人关注蒙牛集团有多牛，牛根生有多牛，很少人知道这“牛”却与牛根生善于吃亏、甘于吃亏不无关系。下面我们就从他终生难忘的两句话了解一下牛根生。

“要想公道，打个颠倒。”对于这句话，牛根生曾经这样感慨道：“经营中的98%关乎人性，只要换位思考，将对方关心的利益想清楚了，凡事就可迎刃而解。”所以，牛根生在创业初始极尽“韬晦”之术，他曾经大声疾呼：“向伊利学习，为民族企业争气，争创内蒙古乳业第二品牌！”

牛根生还制定了“收奶三不干”政策：凡是伊利等大企业有奶

站的地方蒙牛不干（不建奶站）；凡是非奶站的牛奶，蒙牛不干（不收）；凡是跟伊利收购标准、价格不一致的事，蒙牛不干。从而避免与老东家发生正面冲突。甚至当蒙牛的巨型广告牌令人惊讶地被砸之后，他也是讳莫如深，闭口不谈。

事实上，他还不请自到，参加伊利10周年的庆祝大会，在会场上他声泪俱下："我最好的年华，奉献给了伊利，在这里流过的泪、淌过的汗、洒过的血，比在蒙牛多得多!"这一出乎意料的做法，恰恰是牛根生"要想公道，打个颠倒"的又一有力证据。他真心实意地希望伊利集团能够站在自己的立场上，进行一次换位思考，思考他应不应该自立门户。

"吃亏是福，占便宜是祸。"其实，这句话的道理，牛根生小时候就懂了。他因为养父母的特殊身份遭人殴打，却打不还手，因为他小小年纪就已经深深明白："这个时候，不还手挨的打会少得多，一旦还手就可能没完没了地挨打!"

牛根生可以说是关于吃亏的典范，而这也是他做人的智慧。有一次，上头奖给老牛的豪华轿车，被他不可思议地变成四辆面包车，然后大大方方地奖励给直接下属。更有甚者，他108万的高额年薪，也曾经被属下欢天喜地地"瓜分"过。另外，在成为蒙牛的掌门人后，他的车、办公室、工资、住房、股份等等竟然均不如其副手，为此他满不在乎地"自嘲"为"五不如"董事长。

如果说善于吃亏是一种智慧，那么甘于吃亏则是一种品德。2005年，牛根生成立"老牛基金"，作为蒙牛最大的自然人股东，集团总裁牛根生将自己不到10%的股份全部捐出。具体操作是：在其有生之年，将股份红利的51%赠予老牛专项基金，49%留作个人支配，股份话语权不变，但当牛根生卸任董事长后，表决权将授予继任者；在其百年之后，股份全部捐给老牛专项基金，家人不能继承，妻子和孩子每人只可领取不低于北京、上海、广州三地平均工资的月生活费。

别人笑我太疯癫，我笑他人看不穿。蒙牛集团之所以能成为名满天下的乳业巨头，董事长牛根生之所以闻名遐迩，都与他善于吃亏、甘于吃亏的精神是分不开的。

能否吃亏，是否敢于吃亏，已成了评判智者与蠢人、君子和小人的标准之一。正如清初散文家魏禧所说："我不识何等为君子，但看每事肯吃亏的便是。我不识何等为小人，但看每事好便宜的便是。"

在南京市浦口区永宁镇有一位年近古稀的老人，时常奔波在周边新建的开发区种植苗木花卉，并带领周边群众以此致富；同时他还担任着镇机关二支部书记、镇老年体协常务副主席工作。

老人名叫吴长贵，十多年前办理退休手续后，仍担任镇机关老党员的支部书记，从事全镇老年人体育健身的事业。吴老20多岁就担任村书记，"群众利益无小事"是他常挂在嘴上的一句话，做起事来"大事讲原则，小事讲风格"。

10年前，外地人纪文忠来到永宁，在联合村承包了20多亩田，种植蔬菜，吴长贵对他一直很关心。每当他的农田种植找人帮忙，或是子女读书就业时,吴老都会予以资助。后来，纪文忠病逝，吴老更是视其子女如己出，不仅帮忙解决其孩子的读书问题，还帮助他女儿找工作。

村民王业生车祸意外死亡，看到王业生的两个儿子没工作，生活困难，吴老又帮其解决就业。

永宁镇一位白血病患者急需治疗费用，吴长贵得知此事后，不仅带头捐款，还号召机关二支部老党员奉献爱心。

吴长贵每月坚持参加支部例会，聆听老党员老干部的所需所求所盼，脚踏实地地解决他们的困难。在老体协健身和开展体育竞赛中按照省市区老年体协的活动安排，组织开展老年人的棋牌、登山、钓鱼、健身操舞等比赛。在发挥余热的同时，他还承包了100多亩的低洼田种植苗木花卉，让附近农民来打工，解决当地富余劳动力近20人就业。

2008年的一场大水，使他精心培养栽培的近百亩苗木花卉处在深水中，为了集体和群众利益，他放弃排涝，让周边群众农田优先排水，为此自己蒙受了几十万的损失，家人亲朋都“骂”他呆，可吴老却乐呵呵地一点也没有不开心的样子。一些老领导和老同事常问吴长贵，你现在这么辛苦到底图个啥呢？他却认真地说：“我是受党教育多年的老党员，我要为人民服务谋利，在有生之年做些力所能及的工作，是我一生的追求。”

“世事如棋，让一着不为亏我。心田似海，纳百川方见容人。”那些爱占小便宜、贪得无厌的人，每贪一分便宜，就将失去一分财富，也将失去一分人格。

吃亏，其实也是一种变相的讨便宜。吃亏之人，讨来的是一颗宽容大度之心，是一份价值百万的人品。

宽恕他人，解脱自己

人生在世，每一个人都曾被伤害、欺骗过，也曾伤心、愤怒过。当然这些事情不都是美好的回忆，有的像一块石头压在心里久久不能释怀，使原本开心的你整天闷闷不乐，长此以往，将会给身心和事业带来许多消极影响。拍桌子、跺脚，大声呼喊：“我一定会报复的，我非出了这口怨气不可！”“走着瞧，早晚我得收拾她(他)！”“我一辈子也不会原谅她(他)！”更是没有必要。沉思一下，我们不是生活在真空中，酸甜苦辣才叫生活。关键是我们应该持有什么样的生活态度。

大作家纪伯伦曾这样说：“一个伟大的人，有两颗心：一颗心流血，一颗心宽容。”我们需要的不是想要烧掉房子来发泄怒气，而是要学会宽恕，这样我们才能从怨恨的枷锁中解脱出来，放自己一条生路。一个拥有上佳人品的党员，懂得“得饶人处且饶人”，懂得宽恕他人，他不会因为别人的言行而烦恼、折磨自己。那份宽容，不仅令他人幡然醒悟，更给自己的心找到了停止流血的良方。

所以，不要愤怒，不要再背负痛苦、挣扎和煎熬，不要再用消极的想法和情感腐蚀自己的灵魂，学会原谅！细心体会你会发现：少计较，多宽容，快乐就在身边。当我们饶恕别人、宽容别人的时候，也是在饶恕自己、宽容自己，是给他人一个“赎罪”机会，更是给自己一条生路。

春秋时期，楚王有一次邀请他的大臣们喝酒狂欢。不仅准备有美味佳肴、轻歌曼舞，楚王还让自己的两位爱妾麦美人和许美人做陪，轮番为爱将们敬酒。

突然，一阵狂风吹来，打断了大家的欢闹喧腾，把席间的所有蜡烛都吹灭了，整个厅堂也漆黑一片。

黑暗中，端坐着的许美人突然发觉，有人偷偷摸了一下她的纤纤玉手。许美人非常气愤，用力甩开手并顺势扯掉了那人的帽子。然后，摸着黑快速地回到了楚王身边。“刚才有人趁黑调戏我，我一生气把那人的帽子扯掉了。大王，您赶快派人把蜡烛点上，那个没戴帽子的人，就是侵犯我的恶徒。”许美人附在楚王耳畔说道。

楚王一听，非但没有命令仆人快速点燃蜡烛，反而立马阻止仆人这样做，他对所有人大声地说：“寡人今天晚上非常高兴，寡人要与各位爱卿一醉方休，不醉不归。来!来!来!大家都把帽子扔了，痛痛快快地喝!”

当这阵风过去，蜡烛被重新点亮的时候，所有人都已经把帽子扔地上了。既然所有人都没有戴帽子，也就判断不出究竟是谁轻薄了许美人。就这样，楚王给了轻薄者一个台阶下，保全了他的颜面。

若干年后，楚王率领人马攻打郑国，有一位将领英勇无比，独自率领几百人，为楚王杀出了一条血路，直捣郑国都城，可谓是奋勇杀敌，过关斩将。而这位将领，正是当年轻薄许美人的那位。因为楚王的大度和宽容，他感激涕零，自那日起，他便发誓要对楚王忠心耿耿，为楚国开疆辟土，至死不渝。

人非圣贤，孰能无过。宽容和饶恕，不仅是给别人机会，不仅是人品的展现，更是为自己创造了一个赢得世界的机会。

人们常说："用争夺的方法，你将永远无法得到满足；但用让步的办法，或许可以获得比预期更多的东西。"而这之间的取舍，全在于一个人的人品。所以，主动放下心中的"包袱"，试着去原谅别人，你会觉得自己一下子轻松许多。

报纸上曾有过这样一篇报道：有一位武警战士乘车出差，在一个汽车站正好遇到三个歹徒抢劫乘客，被袭击的对象恰好是他父亲的仇人。这个人曾经和他父亲一起经商，后来因为他矢口否认一笔债务，致使那位武警战士的父亲从此债务缠身，因气愤过度而含恨辞世。做儿子的自然对此耿耿于怀，仇恨难消。后来因家庭窘困，他高中学业未完就不得不中途辍学。为了替父报仇，年轻的他毅然报名去当了兵。

到了部队，他拼命训练，擒拿格斗都不在话下，甚至他还不遗余力地练着一种特殊技能，这一切都是为了将来的某一天……他虽然样样考核成绩全优，可他一点也不开心。后来他入了党，他对两家的仇恨有了新的看法，他懂得了"冤仇宜解不宜结"的道理，过去的事情在头脑中也就淡化了，脸上也渐渐有了笑容。当他看到歹徒行凶的时候，他没有想起过去的仇恨，唯有正义感充斥满腔。他勇敢地跳下车与歹徒搏斗，在胳膊上挨了一刀的情况下，仍然忍着疼痛追上歹徒，把仇人被抢巨款夺了回来，交给昔日的仇人。

这时仇人也认出了他，愧疚得无地自容，顿时跪倒在地，说："我过去做了对不住你家的事，你不但不记仇，还舍命救我，真叫我羞愧难言啊。"

"过去的事就过去了，你知道怎么为人就好了。"武警战士只淡淡地说了这么一句话。

在生活中碰到如此偶然的情形虽然很少，但不是没有，作为一名战士，一名共产党员，他不计前嫌、勇救仇人的高尚境界值得每个人去学习。

越少计较，越多快乐

人行走在路上，脚不沾地是不可能的，只要你脚着地，就少不了摩擦，而人与人之间更是如此。可是人的一生根本没有平坦的大道可走，人总是在起起落落中生存，所以很多摩擦也就成了无奈之举，如果老是带着忧伤的心态面对生活，那不等于拿别人的错误来惩罚自己吗？这样下去，对人对己都不利。换一种心态，也许会海阔天空。生活当中，之所以我们有时会不快乐，就是太在意了。只要我们心胸开阔一些，大度一些，不与他人计短长，你会发现有些不快是可化解，甚至是可以转变的。

安徽桐城的六尺巷大家可能都听说过，说的是张英及张廷玉父子的故事。当时他们父子同在朝为官，且同为军机大臣。有一天，桐城老家的邻居建房子时，多划了他家三尺地，为此两家争执不休，最后发展到要诉诸公堂。为了能在公堂胜出，老夫人就写了封求救信，让家丁千里飞马奔赴京城，希望张英及张廷玉父子能为之出面。家丁面见家中老爷，张老爷子亲笔写了一封信，又让家丁马不停蹄地赶回家乡。众人簇拥着老夫人,迫不及待地拆开信一看,只见寥寥四句话:“千里修书只为墙,再让三尺又何妨。万里长城今犹在,不见当年秦始皇。”家人听罢立刻明白了其中之意,主动让出了三尺地。话说邻居早听传闻说张家差人上京,正全力准备拼死一搏。可是见了张家主动退让觉得很奇怪,忙派人暗中打听,当得知四句诗文的事情时,顿时惭愧得无地自容,马上也退地三尺,于是,才有了后来的安徽桐城的六尺巷,之后邻里和睦更是传为佳话。区区数语之所以有瞬间化干戈为玉帛的力量,正是张英及张廷玉父子宽容之心所使然。

然而,很多人为了一点点鸡毛蒜皮的事情小题大做,不但伤了他人,最后闹得自己也满心烦恼。

2006年7月14日新华网合肥报道:安徽枞阳县一妇女张某用手机向县委书记发送含有过激言语的短信,7月10日被当地公安机关给予行政拘留10天的处罚。

张某之所以发送过激言语的短信,是因为在单位与同事发生纠纷长时间没有得到妥善解决,而对方的丈夫又是一位局长,所以,她就怀疑县委书记朱某故意袒护。于是她便在7月9日的晚上,连续5次给朱某发了言语过激的手机短信。当然,这种行为我们不提倡,公安机关对张某实施行政拘留也是无可非议的。但从另外一个角度讲,张某的行为影响面不大,也未造成后果,如果接收短信的是普通民众而不是县委书记,想必给予治安警告就足够了。因而,对张某给予10天的行政拘留处罚是否重了点?这就涉及官员的度量问题,如果朱某的度量大点,也不会有此一幕。何况近来官员权力被滥用在现实中是不绝于耳,民众基于信息的不对称及对公权力被滥用的担忧,做出一些过激的言语也在所难免。如果朱某不是太过看重所谓的“尊严”,而是多想想民众为什么会有这样的举动,不但张某不会被拘留,就连张某类似事件也会减少。

作为一个县委书记应该有一定的容人之量，何况你面对的是一个小老百姓。如果你对民众宽宏大量，对民众来说你就是一个有亲和力的官员，更能受到民众的拥戴。你也根本不用担心民众的一些轻微侵权行为会给你形象带来损害。

因此，我们在谴责这位民妇行为的同时，不禁会想，作为一县之尊的县委书记，难道只有这样做才能显出你的威严？难道这样做后你的心情就会好了吗？当然不会吧！因为这么做虽然出了口气，却会招来众多非议，无疑是从小烦恼走进了大烦恼。

在现实生活中,人人都有自尊心和好胜心,但有一颗宽容心更重要。当你与上司、同事和朋友发生摩擦时，对一些非原则的问题，不必计较，要给他人一个台阶下，满足一下他的自尊心和好胜心，也许会出现一个好的结局。古人尚有“千里送书只为墙，再让三尺又何妨”的境界，对于我们现代人来说，少一些计较又有什么呢？

所以，作为一位普通公民，不要总是患得患失，竭尽所能地想去拥有更多东西，比如权力，比如金钱，比如一个完美的人生。于是，我们抱怨的越来越多，快乐也越来越少，就好像是在自己身上套上了一个又一个枷锁，给自己的人生设下了一个又一个阻碍。

作为一名党员干部我们更应该明白“民以吏为师”的道理，如果我们能宽宏大量，就会带动一大批人宽宏大量起来，相应的整个社会也能逐渐形成宽宏大量的氛围。到那时你会发现其实烦恼可以更少，其实快乐也可以更多。

第三课

仁爱——心存仁慈之念，胸怀博爱之情

仁爱，是从心中生长而不能停止的情感，是不求回报的情感，是中国传统美德的重要内容，也是构建和谐社会的道德理念。一个有仁爱之心的人会从心底里欣然地去爱别人；一名党员常怀仁爱之心，才能真心为人民服务，才能把工作做到实处，做到细处。每一个人都怀仁爱之心，社会必然会是一个和谐的社会。

多做善事，施恩不图报

“为善”即做善事。当我们做善事的时候，有没有想过日后这些受助人会给我们某些回赠？是否希望他们给予回赠？如果不是，那么你的内心将会感到纯粹的快乐，因为你的施恩不是一种功利性的施舍，你的救助也只是纯粹的救助。

每个人都有尊严，没人愿意仰人鼻息，看人脸色。施恩于人，一定不能把自己看作如救世主一般，凌驾于受恩人之上。我们是党员，我们就是为人民服务的。如果你把恩惠像鱼钩一样投入受恩人的嘴中，

任由你摆布，那么，告诉你，没有一个人愿意背上这种负担!切记古语“不食嗟来之食”所表达的气节和骨气。所以，当你伸出援助之手，解人于危难之中后，不要画蛇添足，抽身离开吧，你的所作所为自然会成为美好的印记。

下面，我们就讲讲雷锋的故事。老话常说：“施恩勿念，受恩勿忘。”作为党员，我们尤要牢记。

雷锋有一次在沈阳车站换车的时候，天下大雨，他一出检票口，发现一群人围着一个背着小孩的中年妇女，原来这位妇女从山东到吉林去看丈夫，车票和钱丢了。雷锋用自己的津贴费买了一张去吉林的火车票塞到妇女手里。

还有一次，雷锋见公路上一位妇女怀里抱着小孩，手里拉着一个小孩，身上还背着包袱，在大雨中一步一滑地走着。他忙走上前去，一打听，才知道这位妇女从外地探亲归来，要去十几里外的樟子沟。雷锋把雨衣披在妇女身上，抱起那个大一点的孩子冒雨朝樟子沟走去，自己被淋得湿透，一直走了两个多小时，才把她们母子送到家。那位妇女感激地说：“同志，我可怎么感谢你呀!”雷锋只是笑了笑。

雷锋从安东回部队，又在沈阳转车，过地下通道时，看见一位白发苍苍的老大娘，拄着棍，背了个大包袱，很吃力地走着。雷锋得知大娘从关内来，要到抚顺去看儿子，跟自己同路，立刻把大娘的大包袱接过来。进了车厢，他给大娘找了座位，自己就站在旁边，掏出刚买来的干粮，塞到大娘手里。到了抚顺，他又背起老人的包袱，搀扶着老人，东打听，西打听，找了两个多小时，才找到老人的儿子。

雷锋入伍以来，多次帮助有困难的人，来自全国各地的热情赞扬信也像雪片一样飞向雷锋所在部队。而他却在日记中写下了这样一段话：“我的一切都是党给的，光荣应该归于党，归于热情帮助我的同志，至于我个人做的工作，那是太少了，我这么一点点贡献，比起对我的要求和期望还是很不够的……”

这就是雷锋，如果他帮你后，你问他叫什么名字，是哪个单位的？他就会说：“我叫解放军，就住在中国。”

最近有人这么说，“雷锋”已经不在了。其实我们大可不必如此悲观，因为在我们的当代党员中以助人为乐、助人不求回报的事迹还是很多的，就拿段吉平来说吧，这就是一位助人为乐的好党员。

段吉平，新疆生产建设兵团农六师芳草湖东河坝社区六连的一名普通职工，因家中排行老大，人称段大，他不但地种得好，善于养殖，更重要的是这人是个热心肠，不管谁家有什么事找他，他总是很爽快地帮着想办法，把学到的经验毫不保留地传授给其他职工，被职工们誉为“农技二传手”。

段吉平相信科学，注重科学，是有名的农业“土专家”。2004年，社区首次推广棉花滴灌技术，许多职工不愿接受，作为党员的他，带头种植滴灌，通过精心管理，他种的地当年籽棉单产达360公斤，个人净收入达4万余元人民币，事实胜于雄辩，段吉平用自己的高产数量向职工讲解滴灌技术的好处，很快这项技术就在全场得到推广。

后来，他还利用六连适合养殖的有利条件，盖起了一座200平方米的养殖大棚，一年仅此一项收入就超万元。左邻右舍见了很是羡慕，于是他就帮助大家赊来牛，联系了最低价格的饲料共同发展庭院养殖。另外，他精心传授他们养牛经验，带动他们一起发展养殖业，不管谁家的牛病了或者产小牛，段吉平总是随叫随到。

有一回，天下大雨，职工孙某半夜打电话说牛快不行了，段吉平二话不说，穿衣就走，慌得连伞都顾不上找。当他冒雨赶到孙某的牛圈时，牛躺在地上，肚子胀得像个鼓。段吉平又赶忙返回家拿药，等给牛灌下药天都已经亮了。段吉平浑身淋了个透，孙家的牛却救活了。为了表示感谢，孙家两口子第二天专门买了鸡蛋、水果去看段吉平，段吉平却以自己有胆囊炎不能吃鸡蛋，平时不爱吃水果，孩子上学又不在等理由谢绝了。

段吉平从来没有忘记自己是一名共产党员，经常主动帮助困难职工。赵某来自河南，植棉技术弱，段吉平手把手教他技术，帮他解决遇到的难题，很快他熟练掌握了植棉技术，成为连队的植棉能手；申正绪家子女多，老婆患有精神病，生活困难，段吉平每年都要接济他家，不但借给他钱，还帮他垫资购买地膜和化肥，还动员其他三户职工与申正绪联贷承包了74亩棉花，而自己则免费当起了长期技术顾问；刘家孩子上学缺少学费，段吉平知道后立即资助他5000元；另外，他还为其他种植户垫付种地资金1.2万余元，担保养牛贷款3万元……妻子埋怨他家里有多少钱都存不住，段吉平笑呵呵跟妻子开玩笑："钱放在家里，我不知不觉就花掉了，借给别人正好帮我存下来了，又帮别人解决了困难，还有人情，这就叫感情投资。"

段吉平从来没做过什么惊天动地的壮举，有的只是些点点滴滴的小事，却体现了一个共产党员尽心尽力、热心助人、带头致富的先锋模范作用。

作为党员，我们帮助别人的方式有很多种，但真正的善举真正的伟大，不是给予他人金钱，不是教会别人谋生的技巧，而是在于自己心中的一份"心安理得"，这份"心安理得"的意义，就在于忘记给予他人的"恩惠"。

这份"心安理得"不仅是给予他人，也是给予自己。

仁慈博爱，杜绝功利心

真正博爱的人，总是乐善好施，面对落魄无助的人，无法无动于衷；真正仁慈的人懂得自得其乐，不因为他人的"错"而自寻烦恼，改变原则，他知道一个人的境遇决定了这个人的言行，事出必然有因。

而当他们施与仁爱时，会因帮助他人而由衷地开心，从不想我帮助他对我有什么好处。可是上天却特别眷顾这些人。

善良的人善良的举动，会给社会带来更多的温暖，会使人与人之间充满温馨，就像一首歌里唱的那样：只要人人都献出一点爱，世界将变成美好的人间。

"打工皇帝"唐骏的发迹，颇有点传奇色彩。他曾在央视《新闻会客厅》节目里讲了这样一个小故事：他刚去美国微软公司时，只是一个普通员工，他很尊重自己的高管，见面时热情问候，过节时发邮件祝贺，过生日时请她出来吃饭。后来风云突变，女高管被降为普通员工，原来对她毕恭毕敬的人都不理她了，只有唐骏还是一如既往，过去怎么样现在还是怎么样。两年后，出现奇迹，那位女高管被重新起用，而且升到了更高的位置。当微软准备在上海成立分公司时，唐骏与800人竞争总裁的位置，巧的是正好是那位女高管主管此事。于是，唐骏就毫无争议地脱颖而出，开始了他事业的第一步腾飞。

在生活中，我们总能看到很多势利之徒，他们就好像墙头草，风往哪儿吹，人就往哪儿倒。你春风得意时，他跟在你屁股后头转，低头哈腰活似哈巴狗，谄媚奉承；你落魄遇难时，他立马翻脸不认人，狗眼看人低，轻则幸灾乐祸、形同陌路，重则落井下石、倒打一耙。这种没有人品的小人，永远不会真正成功，永远不会为世人所尊重。而有些人助人则是为了回报，比如说有人救人是为了答谢；有人捐款是为了出名……而共产党员扶刚为的又是什么呢？

他似春蚕，吐丝耕耘，默默奉献；他似蜡烛，燃烧自己，照亮别人。他用自己的青春和热血，谱写着新时期共产党人立党为公、执政为民、艰苦创业、奋发有为的壮丽篇章；他用自己的模范行动忠实地履行着共产党员的义务，践行着科学发展观、全心全意为人民服务和热心服务“三农”的宗旨。他就是青年共产党员扶刚同志。

扶刚，河南新县人，1976年9月出生在一个普通的农民家庭，19岁加入中国共产党。生在农村，长在农村，他深深地了解农村的贫穷和落后，更知道造成贫穷和落后的根本原因是愚昧和无知。看着乡亲们日出而作，日落而息，守着几亩薄田靠天吃饭的情景，扶刚心里涌现出阵阵苦楚与辛酸。他暗下决心：一定要好好学习，学好本领，用知识来改变农村的贫穷和落后，让乡亲们过上好日子。

大学毕业后，扶刚回到新县老家，在镇上做了一名普通的公务员。对此很多人大为不解，因为但凡有点知识的人都视农村为苦海，生怕再受穷，一有机会就远走高飞。然而，他们哪里知道扶刚作为一名共产党员的心：他爱这片热土，他爱这里的人，他要改变这里的贫穷面貌，让这里的人脸上挂上笑容。

在工作期间，扶刚以民为本，以尽快帮助农民脱贫致富为己任。他认真学习农业技术知识，免费帮农民买书订报，组织农民到县城听各种农业知识讲座，拜访农业专家，以此开阔农民的视野，实现“传统农民”向“知识农民”的转变。扶刚最大的心愿就是能够让老百姓都尽快富起来，为此，他积极推广多种经营，发展种植养殖业。针对新县山多水好的特点，他积极帮助农民种植柑橘、茶叶、经济林，发展水产养殖业，几年的努力，经扶刚手把手帮扶的种植养植户年收入均在3万元以上。看着乡亲们的腰包一天天地鼓了起来，扶刚心里总算有了一些慰藉。

扶刚从来没有节假日，也没有星期天。而且这些日子扶刚比平时更忙。因为每到此时，他都在为敬老院的孤寡老人晾衣晒被；他都在为困难户传播致富信息。不管是刮风下雨，还是地冻天寒，他从未间断。老百姓心里有杆秤，称出了扶刚全心全意为农民服务、情系百姓、心系农民的赤诚之心。

扶刚的对党忠诚，坦率诚实、克己奉公、无私奉献，赢得了社会上人们的广泛赞誉和上级领导的认同。正当组织上准备将扶刚作为优秀后备干部委以重任时，他却做出了任何人都无法相信的选择：放弃公职，北上京城，求学深造，拓宽视野，全方位提高自身能力。因为他心中始终惦记着一个特殊的弱势群体——农民工，他要为他们做点什么……

在一无资金、二无政治背景的情况下，扶刚只身来到人地生疏的北京，开始了他艰难的创业历程。他来京后的第一站就是进入中国社科院研究生院新闻专业进修，边学习边创业。

为了深入了解农民工，在最初的两年时间里，扶刚当过建筑工人、摆过地摊、卖过报纸、做过钟点工、开过小卖部。大凡农民工所经历的事他都亲身尝试过。期间，扶刚被中国改革报社聘为特约记者，这也成为了他为农民工义务提供维权知识和维权咨询服务的开始……

重庆市城口县农民李俞乐、李袅瑜等人，在当地一家建筑公司工作，几年过去了，公司没有为他们办理养老、工伤等保险，他们也没有法定假日，公司每年还要拖欠工人工资三四个月之多；每到年关，许多农民工都没钱买回家的车票。有的农民工甚至三年都没有回家过年了。扶刚得知此事后，连夜带着几名法律援助志愿者，迅速奔赴农民工施工工地做深入细致的说服、教育、劝解工作，宣传法律常识，引导农民工依法维权。对公司的领导，扶刚也做了耐心细致的工作，终于使双方达成协议，公司一次性将拖欠农民工的1000多万元工资如数兑现，并为他们全部补办了养老保险和人身意外保险等手续。

几年中，扶刚为农民工普及法律宣传教育、开展各种形式的咨询活动百余次。所有这些，扶刚都是无偿的，没有花国家一分钱！为了给农民工维权，扶刚遭过白眼、挨过打、受过骂，但为了社会的公平正义，为了道德良心，他无怨无悔。

2004年，中共中央以“三农”问题为主题下发了第一个中央一号文件，以后连续七年的中央一号文件都是以“三农”问题为主题的。善于审时度势、抢抓机遇的扶刚，在国家有关部门和领导的大力支持与关怀下，于2006年创办了《三农通讯》，积极宣传党的惠农政策，传播“三农”最新信息，为各级领导破解“三农”难题提供了许多第一手资料和科学的决策依据，也为广大农民创业、农村进步、农业发展提供了许多先进经验和成功做法，多次受到国家有关方面和领导的好评。扶刚的知名度越来越高，名气也越来越大。

在《三农通讯》网站上，扶刚提议发布的为民服务公约，在社会上引起了强烈反响，许多农民慕名而来。面对各方面的求助，扶刚总是认真接待，耐心解答，尽力帮助，从无怨言。无论是解农民心病，还是释农民难题，扶刚都一丝不苟，从不搪塞。

一位家住河南新县苏河镇的农民，在京打工期间，不幸患上了白血病，因无钱续交住院费，面临被院方停药的境地。患者家属找到扶刚，说明缘由。得知此情，扶刚抓起电话立即与家乡的一位在京搞建筑的老板通话，动员他带头捐款。随后又以《三农通讯》的名义发起义捐活动，三天共筹措资金3万多元，挽救了患者的生命。

中央电视台为汶川地震灾区发起的赈灾晚会上，扶刚偶遇了一位自费办农民工学校的校长蒋茂堂先生。当从这位校长口中得知他创办的“农民工子弟学校”因缺少资金、校舍即将面临关门时，扶刚当即捐款1000元，并以《三农通讯》的名义向有关方面及时写出了《关注农民工的孩子们》的情况反映，引起了社会和媒体的广泛关注。

2009年春节前夕，扶刚带领《三农通讯》全体人员将社会上募捐来的食用油、大米、面粉等物品在西客站南广场为回家过年的农民工免费发放，将党的温暖、社会的关爱和人间的真情送到农民工的手中。即使平时，只要遇到谁有难处，扶刚都会慷慨解囊，连眉头都不皱一下。印尼海啸、汶川大地震、玉树地震、云南地震、舟曲泥石流灾难，南方雪灾、旱灾、水灾，扶刚总是在第一时间出现在捐款现场。另外，扶刚每年都要向中国红十字总会、中华慈善总会、中国妇女发展基金会、中国宋庆龄基金会、中国青少年儿童基金会等慈善机构赠款。尽管他并不富有，尽管一家三口全靠他一人维持生计，但对人间大爱，扶刚却总是表现得那么大度、从容、无私、无悔，数十年如一日，从不间断。据不完全统计，近几年，扶刚本人为社会各界义务捐款就达3万多元……而他自己始终是粗茶淡饭，布衣蔬食，过着十分简朴的生活。

扶刚的真诚和善举，在感动社会的同时，也感动着他身边的每一个人。大家都说："因为有扶刚，因为有像扶刚这样的人，这个世界才充满着爱的温馨。"而面对来自方方面面的美誉，扶刚却说："为别人服务是我的福气，也是共产党员的本分和责任。"

这就是扶刚，这就是一名共产党员，这就是仁爱的诠释。他之所以能这样完全是出于爱，而有些人对他人"善"，却是为了日后有所图，这种以功利之心为出发点的善举，无疑是在降低自己的人格水准。所以，作为一名共产党员，要想真正配得上党员的称号，就不要犹豫，不要吝啬，不要害怕播撒善意，你终会发现自己的内心因此而变得更加温暖有力。

投之以桃，报之以李

"为人民服务"是我们党自成立以来始终不变的宗旨，可当我们口口声声说要为人民服务、要仁慈对人时，总是时不时引来周围人的嘲笑，好像这是多么荒谬、不可能的事。是啊，我们身处的世界到处充满了冷漠、陷阱、争斗、暴戾……对他人仁慈，就是对自己不公!然而，生命之所以能薪火相传，正是因为我们彼此仁慈相待。

奥尔德斯·赫胥黎，英国的一位作家，一直致力于如何发挥“人类潜能”的研究，催眠、禅学等都在他的探索范畴。晚年时，他曾做过一次演讲，在演讲中他回答了一个问题——如何有效地转化生命。“经过多年的实验，真相就在眼前，我不得不说，最佳答案就是——仁慈一点。”他感慨万分地说。

是啊，就是这么简单。但是你是否曾留意到，仁慈存在于我们生活中的点点滴滴？一个朋友为你加油鼓劲，一个陌生人帮你搬运沉重的行李，一个路人为你指点车站的方向，一位同事专心倾听你的抱怨……原来，我们每个人都心怀仁慈，只是很多时候连自己都浑然不知。这些微不足道的、从不曾大肆宣扬的生活小插曲，恰恰正是仁慈的表现。

仁慈，看似对我们自己毫无意义，但却能使我们超越烦恼，赋予生活更多的色彩，让我们的生命更有意义和价值。

2011年2月22日沈阳市公安局公安门户网刊登了一篇名为《投桃报李的故事》的文章：居住在沈阳市大东区东站三巷的石大爷，几年前因宅基地的事和邻居发生纠纷，输了官司。只因邻居家有一个亲戚是警察，从此，他便再不愿意和警察打交道。社区民警隋宏程是个把群众当成亲人、和群众打成一片的民警。社区群众交口称赞，唯独石大爷对他充满抵触情绪。

有一天，隋宏程一大早就来到社区，在经过石大爷居住的平房时，没有看到平日起得很早的石大爷，就习惯性地喊了一嗓子“石大爷”。没有听到石大爷的回音，隋宏程感到很纳闷，难道石大爷病了吗？隋宏程来到石大爷的屋门前，一股浓重的煤气味扑面而来，他来不及细想，一把推开石大爷家的屋门，发现石大爷蜷曲着倒在床上，表情极为痛苦，隋宏程立即以最快的速度将石大爷送到社区诊所。大夫说幸好送来得及时，再晚一会儿就会有生命危险，由于抢救及时，石大爷转危为安。

几日后，石大爷主动找到隋宏程说："小隋呀，大爷有件事想给你说说。"隋宏程赶紧对大爷说："大爷，有什么事您说一声。""俺家那儿有个姓李的小子，总是白天睡觉后半夜才回，没有工作还花钱大手大脚，我觉得这个人可能有问题，就赶来给你说说。"听了石大爷的话，隋宏程认真研究李某的作息规律，结合近段时间的发案情况，通过数天的摸排，很快掌握了李某盗窃电动自行车的犯罪事实，并将其抓获。辖区居民曾对电动车丢失的事叫苦不迭，这次偷车贼抓住了，老百姓都拍手称快。

也许这样的投桃报李过于直接，但没有民警对群众的关心，也不会有群众的支持，一切都是有因有果的。然而，还有一种回报是看不见摸不着的，一切皆存于心。

徐本禹，山东聊城人，全家的所有收入来源就是教小学的父亲每月那一点工资，最初的时候父亲的工资一个月十几元，后来涨到每月270元，直到2003年，父亲转为正式教师后基本工资才到了800元。

1999年，徐本禹考上了华中农业大学。考入大学后，他的学习和生活遇到很多困难，被列入特困生，并得到学校的资助、老师同学的关爱和社会的帮助。这化为强大的精神动力，激励他自强不息，立志成才，做一个对国家、对社会、对他人有用的人。他勤奋学习，成绩优秀，获得国家奖学金和学校"特困生自强奖学金"，并被评为学校三好学生和优秀毕业生。他在政治上积极要求进步，被评为学校优秀共青团员，当选为共青团湖北省第十一次代表大会代表，并加入了中国共产党。他满腔热情，积极投身社会实践，被评为湖北省大学生社会实践先进个人。他富有爱心，在大学期间节衣缩食，用自己勤工俭学的微薄收入和刻苦学习所得到的奖学金，先后资助多名经济困难的同学，并积极为社会公益事业捐款。从2001年开始，他一直在资助湖北沙市一名叫许星星的孤儿，从未间断。

2002年7月，徐本禹参加学校组织的暑期社会实践，到贵州省大方县猫场镇狗吊岩村设在山洞里的为民小学支教一个月。这次社会实践使他更加深刻地认识了国情，激发了强烈的社会责任感，决心以实际行动为改变当地贫穷落后的状况贡献自己的力量。返校时，孩子们依依不舍，他向孩子们承诺一年后再回去给他们上课。

2003年徐本禹以372分的高分考取了本校农业经济管理专业的硕士研究生。然而，2003年4月16日，徐本禹却做出了让所有人大吃一惊的决定：放弃攻读研究生的机会，去贵州省大方县大水乡大石村支教。回到贵州实践自己“阳光下的诺言”。学校经过研究，决定为他保留研究生学籍两年，支持他的行动。

徐本禹重返生活和工作条件十分艰苦的为民小学义务支教。当时团中央西部志愿者计划尚未实施，为了保证他的基本生活，学校团委和他所在的经济贸易管理学院为他提供了生活补助。后来，贵州团省委将他补入贵州扶贫接力计划。徐本禹深受感动和激励，每月从微薄的生活补助中节省出一半的钱，用来资助当地孩子上学。他的感人事迹经媒体报道后，社会各界纷纷伸出援手，使当地教育条件迅速得到改善，小学迁出山洞，搬进了新校舍，在校学生也由原来的不足100人增加到250多人。

2003年7月，徐本禹从办学条件已经大为改善的狗吊岩村转点到条件更加艰苦的大水苗族彝族布依族乡大石村继续义务支教。

徐本禹任大石小学名誉校长，并先后被授予贵州省毕节市“优秀共产党员”和学校“杰出青年志愿者标兵”称号。被评为2004年“感动中国”人物，颁奖会上对他的颁奖词是这样的：如果眼泪是一种财富，徐本禹就是一个富有的人，在过去的一年里，他让我们泪流满面。从繁华的城市，他走进大山深处，用一个刚刚毕业大学生稚嫩的肩膀，扛住了倾颓的教室，扛住了贫穷和孤独，扛起了本来不属于他的责任。也许一个人的力量还不能让孩子眼睛铺满阳光，爱，被期待着。徐本禹点亮了火把，刺痛了我们的眼睛。

有人认为这应该就是徐本禹想要的，错了，他想要的回报就是孩子那一声声老师，那一张张笑脸……这就是爱，是一个党员所应有的，可以洗净这个世界的污浊的爱，这种爱可以让你安然入睡，你将不再被惊醒，你会有一个甜蜜的梦，会心如止水……

送人玫瑰，手有余香

妈妈带孪生女儿去玫瑰园。

不久，大女儿跑过来，对母亲说：“妈妈，这里是个坏地方。”

妈妈问：“为什么啊，我的孩子？”

大女儿说：“因为这里的每朵花下都有刺儿。”

过了一会儿，小女儿跑过来对母亲说：“妈妈，这里是个好地方。”

妈妈问：“为什么啊，我的孩子？”

小女儿说：“因为这里的每丛刺儿下都有花。”

这个故事告诉我们，世间万物皆有两面，关键在于你从哪个角度去看。而我们的生活也是一样的，每个人都是社会这个大家庭里的成员，都能够体味到人生百味，酸、甜、苦、辣，样样俱全。在我们接受上帝给予的磨难时，可能我们会被那些挫折打败站不起来。

在现今竞争激烈的社会里，不少人在竞争中渐渐失去了理性，往往不懂得温暖、关怀、付出，这是因为他们看到的只是事情的一面，认为如果付出就一定会吃亏，却不知道“助人才是快乐之本”，与人方便自己方便。

一栋楼里住着一个盲人。每天晚上他都会到楼下花园去散步。奇怪的是，不论是上楼还是下楼，他虽然只能顺着墙摸索，却一定要按亮楼道里的灯。

有一次，他又按亮楼道里的灯。有一个邻居看见了忍不住好奇地问：“你的眼睛看不见，为何还要开灯呢？”

盲人笑了笑，回答道：“开灯能给别人上下楼带来方便，也会给我带来方便。”

邻居疑惑地问道：“开灯能给你带来什么方便呢？”

盲人答道：“开灯后，上下楼的人都会看得清楚些，就不会把我撞倒了，这不就给我方便了吗？！”

邻居这才恍然大悟。

茫茫人海，会有很多不相识的人，虽然彼此都不认识，但在你遇到难处时，他们仍然会向你伸出援助之手，因为付出是一种快乐，一种再简单不过的快乐。不含有任何杂质，只是单纯的付出。在人群里或许会迎上一个陌生的微笑，那个微笑就是一种无与伦比的力量。

一座城市来了一个马戏团。六个小男孩穿戴得干干净净，手牵手排队在父母身后，等候买票。他们兴高采烈地谈论着即将上演的节目，好像是自己就要骑着大象在舞台上表演似的。终于，轮到他们了，售票员问要多少张票，他们的父亲低声道：“请给我六个小孩和两个大人的票。”孩子们的母亲的心颤了一下，她扭过头把脸垂得很低。售票员重复了一遍价格。做父亲的眼里透着痛楚，他实在不忍心告诉他身旁的兴致勃勃的孩子们，他们的钱不够。

一位排队买票的男子目睹了这一切，他悄悄地把手伸进自己的口袋，将一张50元的钞票拉出来让它掉在地上。然后拍拍那个父亲的肩膀，指着地上说："先生，你掉钱了。"孩子的父亲回过头，明白了原委，眼眶一热，弯下腰捡起地上的钞票。然后，紧紧地握住男士的手。

一个人只有你为别人付出一切的时候，你才能感受到付出的快乐与人性的温暖；你用自己的心去温暖别人的时候，别人也会用他的心给予你温暖。你在别人危难之时给别人帮助，别人也会真心地说一声"谢谢"。当你送别人一份理解，别人也会送你一串摄人心魄的微笑。正所谓"送人玫瑰，手有余香"。

有一个小实验，用一根绳子，一头绑在一只鸡的右腿上，一头绑在另一只鸡的左腿上，你会发现，一只在使劲往左跑，一只则拼命往右挣，它们晕头转向地绕圈，却始终保持在原地。

它们可笑、可怜或者可悲吗？不要这么认为，因为我们自己也经常在犯这种类似的错误。

你是不是争强好胜，非要拼个你死我活？你是不是常把话说死，毫无回旋余地，置他人于万般尴尬的境地？你是不是得理不饶人，最后落个没人理的下场？你是不是做事不留后路，一步步把自己逼进死胡同？……总有一些人对"损人不利己"的事乐此不疲，并且，伤疤还没好完，就已经忘了疼。

为什么我们总是宁愿向前一步，也不给他人一个方便呢？因为我们害怕，我们总在不断地告诫自己：帮助别人，就意味着要牺牲掉自己的那一步，别人得到了方便，自己必然就会失去那一步，失去便利。

这种想法，完全是"自以为是"，丧失人品。事实上，给人方便，也就是给自己方便，既方便了别人，又方便了自己。

生活中，“给人方便”的深层意义我们总是不能领悟，总是不能当机立断地给人方便，结果错失良机，我们缺少的，正是这种灵活的思维方式。

助人，往往只在一念之间，而其结下的善果，却郁郁芬芳。当我们为他人点亮一盏夜灯时，其实也照亮了自己；当我们把美丽的玫瑰相赠时，自己的手上也会弥漫着清香；当我们在人生海浪中经历凄风苦雨时，这份善良就像穿过层层黑暗的阳光，温暖着人心。作为党员，我们是不是应该明白这些呢？

关爱他人，使爱绽放

关爱是一片天空，给人无限的希望；关爱是一片森林，给人勃勃生机；关爱是一盏明亮的灯，照亮人们美好的未来。关爱很简单，有时候就是一句问候，有时候就是一个眼神……但却能给人以春天的温暖，给人以无穷的力量……对于一个人来说，只有懂得关爱他人，你的生活才会充满关爱；对于一个共产党人来说，你的心中只有充满关爱，才会让你的心灵变得博大。

2012年7月23日，中共中央总书记胡锦涛在省部级主要领导干部专题研讨班开班式上发表了重要讲话。在谈到改善民生时，胡锦涛指出，在经济发展基础上逐步提高人民物质文化生活水平，是改革开放和社会主义现代化建设的根本目的。我们必须继续加强工作，多谋民生之利，多解民生之忧，解决好人民最关心最直接最现实的利益问题，在学有所教、劳有所得、病有所医、老有所养、住有所居上持续取得新进展，使改革发展成果更多更公平惠及全体人民，保证人民过上更好生活。

陈旭，共产党员，沈阳五里河派出所一名普通的户口专勤民警。

可是就是在这平凡的岗位上，他却有着不凡的成就，创造出投诉为零的良好工作成绩，并先后获得沈阳市“巾帼建功标兵”、“三八红旗手”等称号，荣立三等功一次。2012年被市公安局授予优秀共产党员荣誉称号。要问她是怎么做到的，答案就是：用心做事、以情服务。在陈旭心中，大家的事就是她的事，大家的困难就是她的困难。

82岁的孙素玉老人的第二代身份证早已办理完毕，因老人年纪大，身体不好，子女工作又都非常忙，没有时间去派出所取。陈旭了解到这个情况后，就利用节假日主动给老人把身份证办好，亲自给老人送到家去。

沈阳药科大学每年的学生入学和毕业迁出，由于各地的户籍管理有地域性的差异，都会有特殊的情况发生。有个叫江川的学生，2003年考入沈阳药科大学，毕业时迁到浙江省教育厅，后改派到浙江省宁波市医药有限公司。其户口迁移证的地址一栏，为手写的改派地址后加盖的公章，但宁波市落户地派出所只接受电脑打印的迁移证，涂改后的迁移证视为无效。该生的户口如果落不上，在单位办理不了医保、工资卡等手续，该生家里又在农村，十分困难，江川认为这是公安机关的错误造成的。陈旭在了解到上述情况后，和他耐心解释，户口在第一次派遣时，户口信息已从户籍网中迁出，改派后地址只能手工改动并加盖公章，至于他的这种情况，陈旭答应会和对方的派出所取得联系，尽快办好，不会让他多跑一趟。经过与对方派出所多次沟通，最后整个户口迁移证手工书写，并用特快专递邮到江川同学的手里，消除了他对公安机关的误解。

五里河派出所管内河畔花园居住着大量到沈阳工作的外国人，陈旭同志对来所登记的外国人热情服务，并对签证即将到期的境外人员进行电话及短信提醒，以避免非法居留的情况发生。陈旭对不能及时来所登记的外国人，主动上门服务，得到了外国人和外企的高度赞扬。

外企是外国人集中的地方，米其林轮胎沈阳有限公司就有很多外国人，为了避免不按规定登记和超期居留的情况发生，陈旭主动到其厂区办理业务，还主动宣传出入境的相关法律法规，得到米其林公司上下一致好评。

这就是陈旭，她没有轰轰烈烈的举动，却是社区大妈眼中的好闺女、就业大学生心中的好大姐、老外赞许的国际警花。

更有人这样评价她：她天天默默无闻工作，微笑面对每一位服务对象，诚心为大家办好每一件事；她“身”在窗口，“心”暖百姓，如春风化雨滋润了群众的心田。相比那些虽然比她官大，比她权高的“喝名酒”、“抽名烟”、临走还要送“特产”，承包工程要“拿回扣”、项目检查验收“给红包”的人来说，她更配得上共产党员的称号。

有句话说得好：“群众的眼睛是雪亮的。”党员干部的一言一行，一举一动，群众是看在眼里，记在心上的。作为一名党员特别是党员干部，只有牢固树立和忠实践行“权为民所用，情为民所系，利为民所谋”的理念，以深切的民生情怀和“视民之不安如疾痛在乃身”的深厚感情，在实际工作中真正想着老百姓，真心为了老百姓，认认真真、扎扎实实地为老百姓做事，时刻心系百姓的人才是群众心中的真党员、好干部。而做到这些，心中就必须有爱，因为只有爱才能拉近与群众的距离，才能走近群众。

第四课

乐观——心情阳光奔放，性格豁达开朗

乐观，是一种最为积极的性格因素之一，一种生活态度。乐观就是无论在什么情况下，即使心情再差也保持良好的心态，也相信坏事情总会过去，相信阳光总会再来的心境。党员是党在民众中树立的标杆，他的一切民众都会看在眼里。如果一名党员能保持乐观向上，他将感染周围的很多人，大家的生活也将因他而充满阳光。

微笑对人，传递快乐

有人问："除了阳光、空气、水，我们还需要什么？"回答是——微笑。

微笑是什么?不是对强者的献媚，也不是对弱者的嘲弄，是对他人的尊重，也是对自己的尊重，发自内心，无法伪装。它像物理上说的"力的平衡"，会给你同样的"回报"，你如何对待他人，他人就会如何对待你。你微笑待人，别人也会微笑待你。当你微笑时，生活也在微笑。

微笑是一种无形的力量，它给人快乐和希望，给人豁达的气概和光明，它使人信心倍增、顿感幸福，它是一种比语言形容更容易沟通的有效途径，会让人与人之间的遥远距离拉近。微笑是不用翻译的世界语言，它传递着亲切、友好、愉悦。更重要的是“微笑”一下并不费劲，但它却能产生无穷魅力。正如苏格兰的谚语：“微笑比电便宜，比灯灿烂。”

人是感情的生物，真做到心如止水，是不可能的，周围的一切都会影响我们。不知大家有没有注意到一个奇怪的现象，当一群人在聊天时，第一个话题十分重要，因为后面所有的话题都会围绕这个话题聊开来。看起来有些话题似乎毫无关系，但一定是由这延伸而来的。这是一种条件反射式的思维惯性使然。因为正常的人都是有思想的，而思想的条理性已经深入我们的血液中了。我们无论做什么事，都会沿着一定的思路走。所以定好了感情基调，就很难改变。

人的一天工作占了大多数时间，还有吃喝拉撒睡，剩下和别人交流的时间已经微乎其微了。如果我们自私地把自己的不愉快到处去兜售，真的有点犯罪了。因为那只会增加别人的烦恼，却不会减轻自己的烦恼。

而当我们在诉说着快乐的时候，我们也在滋润自己的心灵。如果你永远都是一副苦大仇深的样子，你的处境会有改变吗？生活有可能变得美好吗？请你记住：心里有阳光的人，自然能感受到阳光。如果你笑对他人，笑对生活，他人就会更乐于与你交往，你也将得到更多机会，并更容易成功。因为微笑不仅给了自己信心，也给了别人信心。

快乐和痛苦都像种子，你种下去一粒，收获到的一定不再只是一粒。你想种什么？当然是用微笑种植快乐！

吴占军就是一个种植快乐的人。打过“占军热线”的人都知道，不管你有什么委屈和不快，都会被电话那端洪亮的笑声驱散，但很少有人知道，为我们传递快乐的人却是一个卧床15年的残疾人。

吴占军，辽宁北票市上园镇马代沟村人，1976年出生，从小患有进行性肌肉萎缩，从学步开始就总摔跤，专家曾预言：他4岁发病，12岁瘫痪，18岁死亡。然而，今年36岁的他仍然快快乐乐地活着，并且无私地向大家传递着快乐。

为了给吴占军治病，父亲吴长春长年外出打工，母亲除了要忙地里的庄稼，还要照顾年迈的公婆。于是，从上学第一天起，接送吴占军上下学的任务就落在了同村小伙伴的身上，一接就是8年……

随着病情加重，吴占军初二还没有读完就放弃了学业。19岁以后，吴占军生活已不能自理，一切都靠父母。父母为了让他不寂寞，给他安装了电话和有线电视，邻居和伙伴也经常到他家来聚会，并照顾他。

吴占军是坚强的，他说："我是被命运遗弃的孩子，但只要自己不放弃，就同样能演绎出生命的精彩，残疾人也可以笑对人生。我的生命宛如一颗流星，想用一瞬间的美丽带给朋友们一生的快乐。如果明天我在这个世界上消失了，但愿人们会记住，曾经有一颗快乐的流星在他们眼前划过。"

2006年5月31日，在北票广播电台的帮助下，《占军热线》开通了，这是一档提供心灵倾诉空间的栏目。吴占军十分珍惜，只要有电话进来，他会立刻放下手里的活，和倾诉者攀谈，并用自己的视角分析，对倾诉者进行心理疏导。

2009年的一个晚上，一个来自宁夏的听众打来电话，说自己的妻子得了和吴占军一样的病，多次想寻死，想让吴占军劝劝妻子。吴占军给她讲了自己的故事，他说："我们的家人和朋友为我这么付出，都希望我能快乐地多活几天，我怎么忍心让他们失望呢！既然要活着，为啥不快快乐乐地过每一天呢！"他们聊了半个多小时，那位女士受到了感染，决定打消死的念头。

那时，几乎每天都有人打电话，倾诉自己的不幸，吴占军总是耐心地倾听和开导，这样的日子持续了三年多。有时一天他要接十几个电话，说六个多小时的话，到了吃晚饭的时候，累得连饭碗都端不起来了……可不管有多累，不论什么时候，哪怕是半夜，电话铃一响，他就会马上坐起来，人也一下子变得特精神，然后笑着对着话筒说：“喂，你好……”

快乐的人上天是眷顾的，2008年8月1日，吴占军担任中国残联网络电台奥运会转播小组组长时，认识了河北保定女孩儿贾建敏。贾建敏患有先天眼疾，在北京从事盲人按摩工作，业余时间，贾建敏除了听广播，还在网上同盲人朋友进行交流。

渐渐地两颗心走到了一起，2009年12月12日，贾建敏放弃了北京薪水优厚的工作，毅然来到吴占军身边，在父老乡亲的见证下两人举办了婚礼。

婚后，因为身体原因，吴占军暂停了《占军热线》的栏目，两个人在北票市区开了一家盲人按摩院。吴占军说话时总是带着一张孩子般天真的笑脸，他每说一句话都带着小幽默，就是在向记者讲述按摩院几天没开张时，旁边坐着的贾建敏也被他的诙谐逗笑了。

微笑是快乐的传递者，是一份特殊的礼物，在同事眼里，是尊重；在朋友眼里，是认同；在子女眼里，是包容；在父母眼里，是感恩。不管你是在索取，还是在奉献，微笑是最招人喜欢的礼物。同时它也向周围人传递着一种生活态度。一个穷人，也许整日怡然自得，而一个富翁，却可能每刻都在忧心忡忡；一个身处逆境的人，能乐观坦然，面带微笑，而一个处处顺心的人，却会愁眉不展……乐观的生活态度，无关贫富或者地位。

当你微笑，身边就会充满快乐，你的内心也会浸入浓浓的希望。

人人都渴望快乐，都喜欢别人做出一副笑脸，以欢愉的神态对待自己，但是，我们就应先这样对待别人。微笑的实质，便是内心纯良的品质，一个擅长微笑的人，绝对不会是一个平庸之辈。记住，当你微笑的时候，全世界都会爱上你！

分享快乐，与人同乐

快乐，其实是一种很特别的东西，当你把它慷慨地分给他人一些时，自己的快乐会变得更多、更浓郁，甚至会得到快乐之外的快乐，而不会因为与人分享而变少、变淡。正如美国著名作家马克·吐温所说："悲伤可以自行料理，而欢乐的滋味如果要充分体会，你就必须有人分享才行。"

深夜里，一辆末班公交车靠站了，上来了一位小伙子。见他使劲地翻着钱包，可还是一个硬币都没有找到。

"啊，对不起，请问您有100元的零钱吗？帮忙换开一下！"情急之下，小伙子拍了拍离自己最近的一位女士询问道，可女士摇了摇头。

就这样，小伙子一连问了好几个人，大家全都爱莫能助，没有任何一个人有那么多零钱。

小伙子一脸无奈，长叹一口气，准备忍痛把那100元大钞塞进投币箱，可就在这时一个温和的声音在身后突然响起了："小伙子，喏，给你一元钱！"转身一看，噢，原来是一位白发苍苍的老人，手里捏着一个一元钱的硬币递了过来。

"啊，这怎么可以呢！我不能白要您的钱呀！"

"得了，你现在马上要用，我又没有足够的零钱跟你交换，所以你就拿着吧！"老人很和蔼地对小伙子说道。

“虽然是这样，可是我不能平白无故拿您的钱!”小伙子想了一下，建议道：“要不这样，您给我一个地址，改天我把您这钱送过去。或者如果我们一个站下车，我就去商店换零钱给您。或者，我……”

老人忍不住打断道：“哎呀，你个年轻人怎么婆婆妈妈的呢!不用这么麻烦啦!你就当我是拿这个硬币跟你买个‘快乐’行不?能帮上别人的忙我很快乐!我想，你自己也不是个‘见死不救’的人吧?”

小伙子认同地点了点头，接着又摇了摇头，虽然他认同老人的观点，但是，要拿一个老人的钱，即使只是一元钱，他也不能接受。

这位善良的老人想了想说：“这样吧，我有一个两全其美的方法，作为交换请你帮我做一件事吧?”小伙子听了连忙点头。

“如果你在车上看见没有零钱的人，就请你把这一元钱转送给他，这样就算是你还我了，我希望有更多的人和我分享这份快乐，然后让它变成双份。”

小伙子听了很感动，心里顿时暖洋洋的。从此以后，这个小伙子每次出门，总会多装几个硬币在口袋里，以便随时可以帮助人，和他人分享快乐。

是的，当你把快乐分给他人时，你就能享受到双倍的快乐；当你给他人一个微笑时，你就会收获两个晴天。

有时候，你会发现，世界上最可怕的事，不是你的快乐被人抢走了，而是当你快乐时，没有人与你分享。正所谓“独乐乐，不如众乐乐”。

有这样一则童话故事,故事讲的是一个巨人看到孩子们在自己的花园里玩耍，很生气，他在花园周围筑起了高墙，将孩子们拒于墙外。从此以后，园里花不开，鸟不语，一片荒凉，春夏秋都不肯光临，只有冬天永远留在这里。一天，孩子们从墙洞爬进来，春天也就跟着孩子们来了，园里立刻变得生机勃勃。当他把孩子们再次赶出花园之后，花园又被冰雪覆盖了。后来，在小男孩的启发下，巨人醒悟了，随即拆除了围墙，花园成了孩子们的乐园，巨人生活在漂亮的花园和孩子们中间，感到无比幸福……王尔德的这个快乐故事，让我们的心久久不能平静，那个巨人，他两次的自私与冷酷给花园带来了冰雪寒冬，让孩子们失去欢乐的同时，他自己也同样孤单寂寞，更享受不到花园里明媚的景色！

懂得与人分享是一种智慧，特别是快乐，当把自己的快乐与人分享时，你就会收获高于常人几倍的快乐。而不懂与人分享的人只能在自我为中心的小圈子中自以为“幸福”地度过每一天。没有分享，便不能开阔心胸，而心胸狭隘如何能有真正的快乐！分享就如一种催化剂，有了它便可以催生出更多的幸福与快乐。正如培根所说：“如果你把快乐告诉一个朋友，你将得到两份快乐。”是啊，如果让人与你一样快乐，本身就是一件快乐的事。

所以，作为党员更不能把自己局限在生活的围栏中，不管是痛苦，还是快乐，都要与他人分享。这样的话，你的快乐会成为群众的快乐，而你的痛苦也将会因为群众的帮助而减少。

面对困难，笑而迎之

有句话说得好：困难就像砂轮，你是被磨得粉身碎骨，还是越磨越亮，完全在于你自己。

有一个刚参加工作的青年，到一个单位的办公大楼推销电脑清洁纸巾。第一天，他走进一个办公室，很有礼貌地说：“对不起，打扰一下，我是某某公司的驻地代表，请问你们是否需要电脑清洁纸巾？如果需要，我可以给你们优惠。”可能到这里推销的商贩来得过于频繁，一位工作人员面带不悦，冷冷地说：“我们不需要你的产品，请你不要扰乱我们的工作秩序，上班时间不允许推销产品，请你赶紧离开好吗？”小伙子没有沮丧，微笑着说：“不买也可以啊，容许我给你们试一下产品好吗？”没等他们同意，小伙子敏捷地拿出一包纸巾擦拭电脑有污垢的部位，动作认真娴熟，十分投入，但人们只顾埋头工作，没人理他。见状他还是礼貌地说了声：“对不起，打扰了，再见！”然后走出了办公室。

第二天，小伙子又来了。还是一脸的诚恳，一样的期待。工作人员一样的冷漠，一样的脸色，很坚决地拒绝了他。但不管人们怎样讨厌他、拒绝他，他脸上始终洋溢着笑容，没有一点不悦的表情，微笑着进来，微笑着离开。

第三天，小伙子又来了，但得到的是同样的遭遇，没有任何结果。让人没想到的是，吃了几次闭门羹的小伙子第四天又出现在办公楼内。终于，办公室的工作人员考虑再三，答应买小伙子300元的产品，但必须拿出正规有效的发票，否则不予购买。小伙子出具的发票是外地的，由于办公室的财务人员不在，不能确定发票的真伪，他们又决定不买了。

出乎意料的是，第五天小伙子又来了，他不但带来了价值300元的产品，还带来了税务部门的发票鉴定证明。单位终于答应买他的产品了。一位工作人员一改往日的冷淡，热情地问：“我真服了你了，难道你就没想到过放弃？”小伙子一脸阳光，略带神秘地说：“没有一块冰不被阳光融化，没有人会拒绝微笑，就这么简单！”

如果我们能像故事中的那位小伙子那样，有一种锲而不舍、不达目的誓不罢休的毅力，同时不断改变工作方法和应对策略，用一种积极乐观、笑对困难的态度去影响、感化他人，永不言弃，永不言败，相信成功一定不会离我们太远。

没有人拒绝微笑，这种执着的微笑精神，往往是通往成功的道路。只要自己不投降，不用怕别人比自己强，有时候，逆风的方向，会更适合我们展翅高飞，面对困难，笑而迎之，没有什么不可能。

有一个人对他的朋友抱怨道："从我家到镇上，骑自行车要两公里，但是这没什么。最不幸的是，中途还要爬过一座大山。"

"你应该庆幸，有这么一座大山，可以让你得到额外的锻炼机会。这其实应该是幸运吧？"朋友笑着解释。

以前，当他费力地骑上那座山时，总是牢骚满腹。但是现在，他对大山的态度改变了。他安慰自己：它能帮我减去肥肚腩，它能增强我的心肺功能，它能让我更健康、更长寿，它是我的良师益友。他会欣喜于自己可以不花一分钱，就可以与那些花钱去健身房的人，达到同样的效果。

问题和困境，就摆在那里，我们要做的是微笑，然后面对它，克服它。

如何才能改变自己的态度，面对困难，笑而迎之呢？不妨试一下这些步骤：

1.正面直视问题

人活一辈子，磕磕绊绊不顺心的事在所难免，夸大问题，逃避问题，都不是正确的态度，要把困难和问题当成家常便饭，一笑了之。

2.积极努力向上

告诉自己：否极泰来。刻意让自己保持积极的态度，并把当下的优势劣势写下来，让自己积极去面对。

3.树立成功希望

偶尔可以想象一下，如果自己克服了眼前的困难，会有什么样的感觉，会得到什么，让成功的希望和美好激励自己。

4.制订解决方案

面对困难，不要抱怨，也不要不知所措，制订出一个“如何处理当前困难”的解决方案和行动方案才是最重要的。

5.微笑实施行动

学会换一种思维方式，把困难当原动力，因为人生没有白走的路，每走一步都会有收获。然后微笑，实施行动。

身陷逆境，不可消沉，也不要方寸大乱，应从容笑对，进而排除化解。那些面对困境最后成功的人，无一不是选择了积极乐观的态度，并接受挑战，因此，他们胜利了，也笑到了最后。“有一只乌龟始终无法跑过兔子，但是它笑对困境，心中有希望，在不知不觉中，它超越了所有兔子。”这句话，说了一个迎难而上的小故事，也道出了一个积极的人生态度。

我们每个人的一生都会或多或少遇到困难，如果一味地消沉，那还活不活了？“没有过不去的坎，没有走不直的路。”我常常拿这句话鼓励自己。我们党员每天都要为群众服务，遇到的困难肯定不会少，所以更应该鼓励自己，面对它们，笑而迎之！

感恩生活，珍惜现在

感恩，是一种积极乐观的生活态度。感恩，可以是奄奄一息的病人看到的第二天初升的太阳；可以是沙漠中口渴之人发现的一片绿洲；可以是迷茫无序之时忽然的“柳暗花明又一村”。只有懂得感恩才会珍惜现在。

有人说，生活是一面镜子，你对着它笑，它也对着你笑；你对着它哭，它也对着你哭。人的一生不可能一帆风顺，潮起潮落，有得有失，有苦也有乐，种种失败和无奈都需要我们勇敢面对和豁达处理。只有懂得感恩，才能使我们在失败时看到差距，在不幸时感到慰藉，在冷落时得到温暖，在困难时获得勇气和动力。当一个人懂得感恩时，会将感恩化作一种充满爱意的行动实践于生活中。

感恩于我们的父母和亲朋好友。感谢父母带给我们生命，在生活中给予我们点点滴滴的关爱与照顾；感谢朋友带给我们真挚的友情，在生活中给予我们一声声的关心和鼓励。生活在高质量的物质生活时代，我们常常对周围的一切不以为然，往往把金钱和利益看得太重，忽视了人与人之间的感情。觉得父母照顾我们，朋友关心帮助我们都是理所当然的。但是，这种想法是不对的。我们应该感恩于上天给我们尽责的父母，感恩于父母对我们的悉心照料，感恩于朋友对我们的无私帮助，感恩生活让我们得以享受这样的温馨。

面对上天给予的种种恩赐与考验、怜爱与不公，我们或许无法改变生活的事实，却可以以另一种心态来面对它。

一位军人刚从军中退伍时，只有高中学历，也无一技之长，只好到一家印刷厂担任送货员。一天，这个年轻人要将一整车四五十捆的书送到某大学的七楼办公室，当他先把两三捆的书扛到电梯口等候时，一位五十多岁的警卫走过来，说："这电梯是给教授、老师搭乘的，其他人一律不准搭，你必须走楼梯！"

年轻人向警卫解释："我不是学生，我是要送一整车的书到七楼办公室，这是你们学校定的书啊！"

可是警卫一脸无情地说："不行就是不行，你不是教授，不是老师，不准搭电梯。"两人在电梯口吵半天，但警卫依然不予放行，年轻人心想，这一车的书要搬完，至少要来回走七层楼梯二十多趟，会累死人的！

后来，年轻人无法忍受这无理的刁难，心一横，把四五十捆书搬放在大厅角落，交代了一下就走了。接着年轻人向印刷厂老板解释事情的原委，同时向老板辞职，并且立刻到书店买整套高中教材和参考书，含泪发誓：我一定要奋发图强，考上大学，我绝不再让别人瞧不起。

每当他偷懒、懈怠时，脑中就想起警卫不准他搭电梯被羞辱、歧视的一幕，便会打起精神，加倍努力用功。后来，这个年轻人终于考上某大学医学院。如今，二十多年过去了，他也变成一家诊所的中年医生。然而，每当他静心一想，都会觉得，当时要不是警卫无理刁难和歧视，他怎能从屈辱中擦干眼泪、勇敢地站起来？

生活给我们带来挫折与磨难，却磨炼了我们的意志，锤炼了我们的品质，使我们更深刻地理解生活，让我们学会了勇于面对生活的种种考验。只有怀抱一颗感恩之心去面对一切，美好才会滋润我们的心田，生命之花才能健康成长，灿烂开放。

感恩之情，人之本性。感恩首先要学会孝道。“百善孝为先”。孝道是一切善因必不可少的基石。心存孝道的人，才会有善的根苗，才可能开出善花，结出善果。感恩的方式是多方面的，除了直接的物质奉承，还要有精神上的慰藉；除了对父母的敬重，还要有对他人的尊重。尊重使人宽厚，宽厚方能负重，人心宽厚，方可立业。每个人都应该身怀感恩敬重之心，时刻反省自己，是否有一颗感恩的心，是否尊重每个人，尤其是有没有尊重为我们付出过的人。如果没有做到，就要敢于扇自己的耳光。

做一个懂得感恩的共产党人，首先要正确对待名利地位。因为任何人都不是生活在真空中，一个人想进步，是有事业心、上进心的表现，是渴望自身价值得到尊重和承认的正常心理需求，但一个人自身价值的大小并不完全与其所处地位的高低成正比。有的人对名和利取之无道，求之无度，不是靠踏踏实实的工作进步，而是靠跑关系以达到个人私欲，那就违背了共产党人最基本的道德准则，就是党性不纯的表现。如果我们能不断加强党性修养，始终怀着对组织、对群众的感恩之心，就会朝气蓬勃，感到充实，从而更加踏实地工作。

其次要坚决服从组织安排。党性修养和知恩图报最基本的表现就是听党话、跟党走，充分相信组织、依靠组织、服从组织。党的领导干部更要强化组织观念。这既是一种政治觉悟，也是一种政治态度，更是一种政治责任。要充分认识到，工作有了成绩既是个人努力的结果，更是组织上教育培养的结果。所以，党的领导干部必须坚持以客观、积极、平常的心态对待个人的升迁，一切服从组织的决定，服从工作的需要，服从单位建设的需要，做到正确看待自己，正确看待同志，正确看待组织，正确对待进步。党的领导干部还要正确对待名利待遇，要真正做到不为名所累，不为利所缚，不为欲所惑，这样才是共产党员的本色。

然后是要主动为党分忧。党的领导干部要坚持做到不争名于朝，不争利于市，不比权位比作为，不比享受比贡献，自觉把精力和心思用在干好工作上。职务对于共产党员来说，意味着义务、责任、奉献和付出。只有人人为党添彩，党才光彩；人人为党分忧，党才少忧；人人为党尽力，党才坚强有力。广大共产党员要时时处处把党的事业放在高于一切的位置上，用心想事，用心谋事，用心干事，以良好的心态、高昂的姿态扎扎实实地干好本职工作。

共产党人的感恩之心是与不讲原则、搞自由主义、以人划线有本质区别的，我们所讲的感恩应该以党的事业和群众利益为基础，报的是“党恩”、“民恩”。之所以要对党的事业感恩，是因为党的事业为我们施展才华提供了平台；之所以要对老百姓感恩，是因为老百姓朴素地感动于我们所做的每一点贡献，同时也很大程度上地宽容我们的失误，鼓励我们不断地成熟；之所以要对同事感恩，是因为个人的成长进步固然有自身的努力，更离不开同事们的帮助和支持。

第五课

谦逊——居功不自傲，闻过应自喜

什么能使我们意识到我们的不足，能引导我们努力成为更好的人？唯有谦逊。对于一个普通人来说，没有谦逊，就会筑起一层骄傲的硬壳，保留所有的缺陷；对于一名党员来说，没有谦逊，就不能虚心接受群众的意见建议，与广大群众打成一片。对于一名党员干部而言，没有谦逊，则无法清醒地认识自我，也无法赢得人民群众的信任和支持。

戒骄戒躁，谦逊待人

谦逊，是做人、为政的一种美德。谦逊不是贬低自己，不意味着自己平庸无能，而是反省自己的最高贵的收获。谦逊的态度是一个人修养的外在表现，是党员干部应有的道德素质，是成就事业的重要条件。

虚心的人总是看到自己的不足，虽然知识渊博，能力较强，却不自负，不把自己视为“万事通”，自己掌握的知识也不过是沧海一粟；乐于接受别人的帮助，倾听他人的意见，发现自己有过失立即改正，不自恃清高，不主观武断，不固执己见；总是学习他人的长处，以人之长补己之短。谦逊的人能清醒地认识到，自己取得一些成绩，离不开群众的支持和组织的帮助。如果没有各方面的条件，个人本领再高也成不了什么“气候”。党员干部只有礼贤下士，谦逊待人，才能建立起抵御骄傲的防线，才能克服官僚主义，才能随时听到群众之中的不同意见、不同要求，做到耳聪目明。

对于个人而言，要立足于社会，有所成就，就不能一览众山小——说话要谦逊，不夸耀自己的优点、长处、功劳，不在自己的智慧中混杂傲慢，有过人之行而口不自明；辉煌时不放纵，应当对党和人民的褒奖诚惶诚恐，有功劳不总是谈论自己小小的成就，不自以为了不起，应“贵谦恭，貌恭，则不招人之侮，心虚则可受人之益”；在同他人的合作共事中，不宜常讲“我”如何如何，不必显示自己什么都在行，不摆出道貌岸然、不可一世的派头，不可把大家共同的成绩揽在自己名下，不要做一个唯我主义者——不以自我为中心，否则会使人产生逆反心理、感到不舒服。那些不可一世的人，即使抬高自己的身价，放大自己的成就，也无济于事，除了泄露自己的浅薄和无知，陷自己于孤家寡人的境地，他们无法树立自己的威信，更无法赢得他人的尊崇。

三国时候，有个非常有才的人叫祢衡，但有很多人讨厌他，因为他太骄傲，从来不知道尊重他人。

经过孔融的推荐，曹操见了祢衡。见礼之后，祢衡见曹操并没有立即让自己坐下，便仰天长叹：“天地这么大，怎么就没有一个人才！”

曹操说：“我手下有几十人，都是当今的英雄，怎么说没人才？”

祢衡说：“请讲。”

曹操说：“荀彧、荀攸、郭嘉、程昱等机深智远，就是汉高祖时候的萧何、陈平也比不了；张辽、许褚、李典、乐进等勇猛无敌，就是古代猛将岑彭、马武也赶不上；还有从事吕虔、先锋于禁、徐晃，又有夏侯惇这样的奇才，曹子孝这样的人间福将，怎么说没人才？”

祢衡笑着说：“您错了！这些人我都认识，荀彧可以让他吊丧问疾，荀攸可以让他去看守坟墓，程昱可以让他去关门闭户，郭嘉可以让他读词念赋，张辽可以让他击鼓鸣金，许褚可以让他牧羊放马，乐进可以让他朗读诏书，李典可以让他传送书信，吕虔可以让他磨刀铸剑，于禁可以让他背土垒墙，徐晃可以让他屠猪杀狗，夏侯惇称为‘完体将军’，曹子孝叫作‘要钱太守’。其余的都是衣架、饭囊、酒桶、肉袋罢了!”

曹操很生气，说：“你有什么能耐?敢如此口出狂言?”

祢衡说：“天文地理，无所不通；三教九流，无所不晓。上可以让皇帝成为尧、舜，下可以跟孔子、颜回媲美。怎能与凡夫俗子相提并论!”

这时，张辽在旁边，拔出剑要杀祢衡。曹操阻止了张辽，悄声对他说：“这人名气很大，远近闻名。要是杀了他，天下人必定说我容不得人。”于是，便找了个借口把他送到刘表那儿。

到了荆州，刘表对祢衡也很客气，但是，祢衡骄傲之习不改，刘表又出于和曹操一样的动机，把他送给了江夏太守黄祖。

到了江夏，黄祖也待祢衡很好。而祢衡却当众辱骂黄祖，黄祖下不了台，一怒之下便把祢衡给杀了。那时祢衡才26岁。

祢衡的死在于恃才傲物，然而，在生活中还有一些人也是为人所不齿的，比如说功成名就了，就变得骄傲自大、目中无人，并且自命不凡；比如说升官了，发财了，就开始趾高气扬口大气粗……而这正是他们堕入地狱的开始。

陈毅，共和国的元帅，曾经做过这样一首自勉诗：“九牛一毫莫自夸，骄傲自满必翻车。历鉴古今多少事，成由谦逊败由奢。”的确如此，自古到今，太多因骄傲自满而身败名裂、家败国亡的例子已充分证明了这一点。李自成，明末农民起义领袖，曾推翻了统治中国276年的明王朝，建立大顺。可是进京后忘乎所以，日日沉沦于尽情享乐，天天陶醉于胜利喜悦，结果龙椅还没暖热，就被吴三桂引领清兵入关赶出了北京，从此兵败如山倒。洪秀全的太平天国也曾风云一时，他们曾提出：“天下一家，共享太平”；他们曾宣布：“有田同耕，有饭同食，有衣同穿，有钱同使，无处不均匀，无人不饱暖”；他们曾势如破竹，打下半壁江山，与清王朝分庭抗礼……洪秀全沉湎于极度享乐之中，杨秀清和韦昌辉等将领居功自傲，争权夺利。原来同生共死的兄弟姐妹因锦衣玉食、荣华富贵而彼此疏远，因争权夺利而相互猜忌、同室操戈。定都仅三年，就发生了杨韦内讧和石达开出走，太平军迅速削弱。在帝国主义、清朝廷双重镇压下终告失败。不论是大顺政权的由胜而败，还是太平天国的由盛而衰，一个共同的原因是：因暂时的胜利而骄傲，因相对的和平而麻痹，因私欲的膨胀而腐败，因权力的纷争而倾轧。国共第一次合作，发动北伐战争，一开始也是节节胜利，党领导的工人农民反帝反封建运动更是风起云涌。然而，党的一些主要领导在这个暂时的胜利面前，骄傲麻痹，对革命斗争的艰难曲折估计不足。当反动势力突然挥舞屠刀屠杀我共产党人和革命者时，毫无戒备，致使一大批优秀分子和革命中坚白白献出了宝贵生命。以毛泽东为代表的共产党人在白色恐怖中艰难创建了井冈山等革命根据地。但是，党内以王明为代表的中央领导集团认为全国革命高潮已经到来，要红军离开根据地去攻打大城市，结果造成了惨重损失，红军力量和根据地丧失大半，被迫进行二万五千里长征的战略转移。长征途中，红四方面军领导人张国焘拥兵自重，把党的许多革命家共同创建起来的红四方面军视为自己的功劳和政治资本，狂妄自大，向党闹名誉、闹地位、闹独立性，最终闹得众叛亲离，叛党而去。建国后的短短两三年内，党领导全国各族人民迅速医治战争创伤，恢复了国民经济，打败了美帝国主义的进攻，巩固了新生的人民政权，全国形势一片大好。在这种情况下，骄傲自满、贪图安逸的情绪和现象在党内和党员干部队伍中滋长蔓延。

无数事实证明，即使我们的事业取得了极其伟大的成就，也没有任何值得骄傲自大的理由。虽然刘青山、张子善一批蛀虫被处决了，虽然成克杰、胡长清等高级领导干部的腐化堕落成了反面教材，但值得警醒的是，这样的问题在改革开放和社会主义现代化建设过程中，依然不同程度地存在，有的甚至还很严重。

作为一名党员特别是党员干部更要牢记谦虚使人进步，骄傲使人落后，成就愈是伟大，就愈要保持高度清醒的头脑，时刻牢记历史的警示，温和有礼，不骄不躁，谦逊待人，懂得倾听他人的建议，体恤他人的感受，自然深得人心。不要因为工作中的若干成绩就冲昏了头脑，忘记了共产党员所必须具有的谦逊态度和自我批评精神，夸大个人的作用，强调个人的威信，甚至把自己所领导的地区或部门看作个人的资本和独立王国。反而这种骄傲情绪是极端危险的，必将得到可悲的结果。

不断学习，精益求精

有些人有这样的想法：别人再怎么学，也就那样，不可能超过自己。所以他们不愿意学习，他们觉得自己过去做得够好了，已经得到了充分的肯定，用不着再学习了。这是一种很糟糕的心态。过去优秀并不代表以后仍然优秀，对于过去的荣誉，如果不能正确对待，就会成为自己停止学习的借口，成为枷锁，一个人要把优秀永远保持下去，只有一种可能，那就是不断学习，把荣誉当成我们更加好学的动力。

周恩来是一位谦逊终生的伟人，他一贯把自己看作是人民的公仆，是人民的普通一员，为我们树立了做人处事的楷模。周恩来同志每次出国访问，走下专机之前，都要和机组上的人员一一握手，并不断地道谢："谢谢！谢谢！"周恩来和陈毅1961年在上海同电影演员会面时，一位同志热情地请求周恩来给大家写一本书，"如果我写书，我就写我一生的缺点。"周恩来爽快地笑着说，然后他又风趣地说："这可不是卢梭的《忏悔录》，而是要让活着的人们都能从过去的错误中吸取教训。"

1.接受了荣誉，就接受了别人对你更高的要求

荣誉是什么？是别人对你功劳的肯定。为什么要把荣誉给你？绝对不会希望你得到这个荣誉之后，从此止步，甚至反而不如从前，而是希望你在获得这个荣誉之后，能够做得更好更出色，要不然荣誉就失去了它真正的价值和意义。周恩来曾多次告诫人们要记住"八旗子弟"的教训。八旗子弟只食俸禄不习武，无所不贪，骄奢淫逸，就连祖传的骑术也忘得一干二净，居祖功而自傲，最后遭到毁灭的下场。所以，永远都要记得，荣誉就是一种激励。接受了这份荣誉，也就意味着接受了别人对你更高的要求。

夺取了胜利，取得了成绩，拥有了功劳，获得了荣誉，既能给人们以鼓励和支持，也可能在一片赞扬声中飘飘然，停滞不前。郭沫若所著的《甲申三百年祭》讲述李自成领导的农民起义由胜利转向失败的历史过程，最后得出结论：骄傲自满、刚愎自用会导致大悲剧。延安整风时期，党中央特地把它作为整风文件，印发全党学习。1944年11月21日，毛泽东致信郭沫若，指出："我们把它当整风文件看待，小胜即骄傲，大胜更骄傲，一次又一次吃亏，如何避免此种毛病，实在值

得注意。”毛泽东在信中再次赞赏这份历史的谏言《甲申三百年祭》说：“我虽然兢兢业业，生怕出岔子，但说不定岔子从什么地方跑出来，你看到了什么错误缺点，希望随时示知。”在抗日战争即将胜利的前夕，党中央和毛泽东再次用《甲申三百年祭》中的历史事实教育全党，提供了一个借鉴和运用历史经验的范例。陈云多次指出：“人们常常容易在胜利时因疏忽、骄傲而犯错误。”

当你享有了崇高的荣誉，一定要精益求精，尽可能满足人们对你新的和更高的期望，一定要对得起这份荣誉，绝对不能让他们有任何的失望!

2.有了荣誉，就该要求自己做得更好

面对荣誉，即使别人没有对你提出更高的要求，自己也应该主动要求自己做得更好。这是更高的标准。

彭德怀同志曾在抗美援朝期间，把文艺工作者写的《彭德怀将军之歌》改成《战士之歌》。在他任副总理和国防部长期间，听到外国人称颂他为百战百胜的中国将军，他回复说：我打过胜仗，也打过败仗，也只是一个普通军人。至于打败美国侵略军的，是朝鲜和中国的英雄人民和军队，英明的统帅是金日成和毛泽东同志!

我们来看看优秀共产党员、中国电信上海号码百事通114呼叫中心客户服务明星徐倩雯是怎么要求自己的。

在获得上海市“三八红旗手”、“全国邮电百优服务明星”等光荣称号后，为了做得更好，她将上海地图时刻带在身上，并细心记录有价值的广告信息，让自己成为一个“活地图”，不仅如此，她每天在公交车上也抓紧时间看书。

有一次，一位外地用户打了一个电话过来，找哈尔滨路上的鸿宾旅社。徐倩雯立即进行检索，发现数据库里没有登记。徐倩雯并没有像其他人那样，告知用户这个号码没有登记就草草了事，而是告诉对

方现在她也没有鸿宾旅社的信息，但是她会继续查询，请对方留下电话，等她查到后再联系。放下电话，她又查了查“黄页”，但还是没有记录。她又想哈尔滨路自己去过，印象里只有两个单位，一家是铁路局军事代表处，一家是军交训练中心。这次，徐倩雯又没有放弃，虽然在很多人看来，这两家和旅馆业根本不搭界，但想到客户说得那么准确，就不妨试试。第一个电话打到军交训练中心，不对。又把电话打到第二家，结果，电话里传来：“你好，这里是鸿宾旅社……”意外就这样出现了，虽然号码登记说是铁路局军事代表处，可徐倩雯终于凭着自己的努力，帮那位客户找到了鸿宾旅社。

荣誉是让我们做得更好，任何工作只要我们去琢磨，就会发现总有改进的余地，也总有提高的地方。这就是给自己提更高的要求。

工作的标准没有止境，而学习也同样没有止境。优秀的共产党员，必然会是“学到老，用到老，进步到老”的。

山外有山，人外有人

只要我们的心不那么自满，能“空”下来，那么就会发现方方面面都有值得我们学习的地方。在工作中，我们不能轻视对手，既然能成为对手就证明他身上有可取之处，有值得我们学习的地方。斯大林曾说过：“要建设，就必须有知识，必须掌握科学。而要有知识，就必须学习，顽强地、耐心地学习。向所有人学习，不论是敌人或朋友都要学习，特别是向敌人学习。”

“向所有的人学习，不论向敌人或朋友都要学习，特别是向敌人学习”，这话非常有道理。

1.用心学，处处是学习对象

真正善学的人都明白这样一个道理：处处都有学习的对象，时时都是学习的好机会。

真正善学的人，他们不会给自己规定学习的时间地点，比如：到学校再去学习、有空的时候再去学习……不会设置刻板的标准，比如必须得向什么样的人学：位置比我高的我才去学习，有学问的人我才去学习，在某领域当中是权威的我才去学习……

被誉为“常胜将军”的刘伯承元帅就是一位善学的人。

刘伯承曾创造出一种打击日本鬼子的战术——“黄蜂阵战术”。从名字就可以判断出来，这种战术来源于“黄蜂”。是的，那是在一次行军中，一群黄蜂袭击了刘伯承的坐骑，战马因疼痛而狂奔，当时坐在马背上的刘伯承差点摔下马来。如果是一般人，遇到被黄蜂蜇了，事情过去也就过去了，根本不会想到战略战术。但这件事却引起了刘伯承的深思，他认为，在打击日本鬼子方面，群众就像是袭击战马的黄蜂，虽然微小，但人多力量大，足以给予大物体致命打击。随后他号召群众拿起武器，模仿黄蜂的战术，群起打击日本鬼子。此举，使得日本侵略军最终陷入了人民战争的“黄蜂阵”，直至被消灭。

连黄蜂都可以成为学习的对象，由此可见，学习的对象无处不在。

在工作中我们也可以这样，别的企业流程很严谨，我可以学；同行的想法很好，我可以学；同事的方法不错，我可以学；哪怕看电视，看到郭德纲说相声、赵本山演小品时有哪句话说得很幽默、又很有哲理，我也可以学。

我们可以从成功者身上学成功的方法，从失败者身上，我们也可以学：总结他们是如何犯错的，而我们该如何规避这种错误的发生。

2.老实学，群众是真正的英雄

当我们遇到想不通、解决不了的问题时，与其关起门来自己苦思冥想，不如多和人探讨，多向人请教，多听听别人是怎么说的。

毛泽东同志曾经说过："群众是真正的英雄。千万不要看不起群众，觉得从群众身上学不到什么，其实恰恰相反，群众的智慧往往是活泼的，甚至是最管用的。"当然，这个群众可以是我们的下属，我们的前辈，我们的同事。群众的智慧之所以管用，是因为有什么问题，他们看得最清楚、体会最深，因为他们处在第一线，往往是最直接的感受者，问题怎么解决才最好、最有效，他们琢磨得最多、看得最明白。

一位经常坐地铁的大妈曾经给一位派出所所长提了一条建议，说抓小偷也是有技巧的。小偷也是人，也怕冷，而北方的冬天又很冷，他们就更想找个暖和的地方"干活"，所以小偷的活动是分季节的，冬天的时候，应该把抓小偷的重点放在地铁上。这位所长一听，觉得大妈的话很有道理，经过观察和研究，发现事实确实如此，于是就采纳了大妈的建议，效果很明显。

3.全面学，对手也可成"先生"

一般人在情绪上往往抵触对手，尤其在对手不如自己时，那就更不服气了，认为对手就是死敌，应该置之死地，哪有强者向弱者学习的道理？所以把对手当作"先生"、"老师"，让很多人难以接受。可哪有绝对的强者和弱者呢？要知道很多事情都是相对的，一个人就算弱，也不会所有地方都弱，一个人现在弱，也不一定将来就弱，总会有你不具备的优点，有超过你的地方。

其实，善于向对手学习，也是我党我军的成功经验。曾有一篇《善于学习是胜利的关键》的文章，里面讲述的两个小故事会给我们一些教益。

想当年，共产党军队一次次把训练正规、装备精良的国民党军队打得落花流水，他们是怎么做到的？解放军善于在战争中学习战争，这就是问题的关键。不但认真总结自己的经验，还善于向敌人学习。

在解放战争期间，几乎每次战役后，华东野战军都会把俘虏兵补充到解放军军队中，称为“解放战士”，还会把国民党被俘军官找来开座谈会，把他们对解放军的评价汇集起来，并整理成战役总结，下发到各个连队，这些评价都会引起华野指挥员的重视。最终，在孟良崮战役中，华东野战军歼灭了国民党王牌军七十四师。

相比之下，国民党却是一贯蔑视共产党军队的，共产党军队的一线、一物都被认为无可取之处。例如，七十四师师长张灵甫在一次战斗中得到了一套解放军的军装，经过一番研究，发现“共军”军衣做得很好，于是把军装带到南京见蒋介石。可蒋介石见了以后很不高兴：“你不要在这里宣传共产党好，赶快下去。”

通过这两个小故事我们不难看出：蒋介石连下属对解放军军装的见解都看作是对共产党的宣传，怎么可能会在战争中学习，在学习中进步，并在战争中制胜呢？与此同时，正是善于学习敌人的共产党军队赢得了最终的胜利。

将对手的长处彻底学过来，可以更好地战胜对手！因为不了解对手，就不可能超越对手。我们在实际工作中，同行业的竞争、国际竞争不可避免，我们要想进步，就不能一味地蔑视对手，过分自傲。与此相反，如果我们能看到对手的长处，把他们当作“先生”，学习他们的可取之处，往往学到的东西更有用，进步也更快！

接受批评，就是进步

“人非圣贤，孰能无过。”世界上不存在总是正确、不犯错的人。古代的所谓“圣贤”也是人，也有缺点和错误，只不过是按照一定阶级的道德标准修养去看待他们罢了。正如列宁所说：聪明人是不犯重大错误同时又能容易而迅速地纠正错误的人。聪明人并不是不犯错误的人，不犯错误的人是没有而且也不可能有的。为了纠正缺点、改正错误，就必须开展批评和自我批评。

批评与自我批评，是一项重要的建党原则，是解决党内自身矛盾和问题的法宝，是党巩固和发展不可缺少的基本条件。列宁指出：“自我批评对于任何一个富有朝气、生气勃勃的政党都是绝对必要的。”“应当对党内问题广泛地展开自由讨论，对党内生活中各种现象展开自由的、同志式的批评和评论。”开展批评和自我批评，有利于提高党的威信，有利于提高党员干部队伍素质。我们党之所以有强大的生命力和战斗力，保持优良作风，很重要的一点是得益于批评与自我批评这个“武器”。恩格斯指出：“大国的任何工人政党，只有在内部斗争中才能发展起来，这是符合一般辩证发展规律的。”恩格斯把批评与自我批评看作是“工人运动生命的要素”，是工人阶级政党有巨大内在力量的表现。

一位军队领导认为一个人成长需要批评，与苹果成长需要“啄木鸟”、“剪刀”具有相同道理。如果没啄木鸟的“笃笃”、“笃笃”——哪怕啄去的仅是几条躲在树缝里的细虫；如果没有剪刀的“咔嚓、咔嚓”——哪怕剪去的只是几根稍露斑痕的病枝，……这苹果怎能会像翡翠、红玉一样美丽?

一个真正的伟人，不会排斥别人的不满和批评，他们会乐于接受，因为他们知道，不满和批评，在很多时候恰恰可以成为自己进步的基石。他们知道，他们可以克服人类的共性：喜欢听赞扬的、夸奖的话，害怕、不愿意听批评的话。

闻过则喜，过而改之，是一种素质和能力，是一种胸怀和境界，必须口言之，力行之。“闻过则喜，改过不惮。”（陆九渊）因为“君子之过也，如日月之食焉。过也，人皆见之；更也，人皆仰之。”——听到别人讲自己的过错就高兴，了解自己的过错不忌讳，改正自己的错误不畏惧。因为君子有了过错，就像日食月食一样。犯了错误，人人看得很清楚；改正了错误，人人都赞美他。能听到别人的批评，是认识和改正自己的缺点、错误的第一步，自己有了过错，受到别人批评，千万不要刻意掩饰和粉饰自己，千万不要怨恨、生气，能做到“闻过则喜”，就进入了较高的层次。闻过则喜，不是文过饰非、固执己见，而是从内心意识到自己身上有许多不足、许多毛病，并随时准备改正，不断提高自己的素质，是能够改正缺点错误的关键环节，因为是从内心欢迎和感激别人的批评，及时而迅速地改正自己的缺点和错误，体现了一个人较高的修养水平。

不仅如此，即使是别人没批评自己或者没指出自己的错误，他们也会用更高的标准来要求自己，自己给自己挑刺，让自己主动进步。

周恩来说：“有错误逢人就讲。”印度诗人泰戈尔说：“如果你对所有的错误都关闭大门，那么真理也会被关在门外。”美国心灵大师戴尔·卡耐基说：“你永远不会因为认错而引来麻烦。”正如邓小平所说：“领导人不可能什么事都做得百分之百地正确，不可能一点缺点、错误都没有。问题在于对自己的缺点和错误，有没有自我批评的精神，让不让别人批评，听了正确的批评能不能接受和照办。有错误，自己讲，而且又能够倾听别人批评的意见，这就有了主动，就可以使大家心情舒畅。这样做绝不会损害自己的威信，只会提高自己的威信。”把缺点错误公之于众，带头开展自我批评，既不是小题大做，也不是大事化小，而是一种明智的举动，不但可以取得群众的谅解，而且能增进群众的信任，提高自己的威信。

在这一点上，上海航空公司乘务长、五一劳动奖章获得者、全国劳动模范吴尔愉就是我们学习的榜样。

吴尔愉曾是一位下岗女工，三十多岁的时候，通过激烈的竞争，她成为了上海航空公司的一位“空嫂”，这份来之不易的工作她非常珍惜。可由于缺乏经验，刚上班不久，吴尔愉就和一位乘客发生了“矛盾”。

“矛盾”是这样的：一位乘客要了一杯水，但因为忙，吴尔愉把这件事给忘了。直到乘客按响了呼唤铃，吴尔愉才想起了一杯水这件事。吴尔愉赶紧端着水给乘客送过去，并真心诚意地道歉，但乘客就是不领情，还把吴尔愉给轰走了。虽然吴尔愉心中觉得委屈，但想想确实是自己的工作没做好，乘客不满也是理所当然的。于是她每次走过这位乘客身边时，都会微笑着问他是否需要加水或者饮料，但乘客每次都拒绝。当吴尔愉第四次走过他身边时，这位乘客突然问她飞机上是否有意见卡。吴尔愉马上紧张起来，以为乘客要投诉自己，但她还是微笑着把意见卡递给了乘客，尽管这样可能让自己失去这份来之不易的工作。结果飞机降落后，吴尔愉打开卡片，却惊讶地发现原来里面写的不是批评的话，而是表扬的话！

工作中，很多人最听不得的字就是“不”，比如“你不到位”、“你不能这样”、“你不行”，面对别人提出的“不”字，很多人的第一反应就是抵触和反感。试想一下，如果当时吴尔愉面对乘客一次次说“不”，也和其他人那样抵触和反感，不去反思和改进自己的服务，那么吴尔愉最后得到的肯定是投诉而不是表扬。其实，如果我们能换种思维，认真思考别人为什么对自己说“不”，而不是对其他的同行，想想自己是不是确实有地方做得不好，需要改正，那么别人的“不”就会变成我们学习与成长的最好契机。

因此，当我们面对别人的批评时，不是想批评你的人怎么可恶，而是想：我到底哪里没有做好？我为什么会挨批评？我该如何去改进？这些问题都重复想五遍，那么，批评就真能变成我们进步的动力了。

那件事情，给了吴尔愉很大的震撼。虽然没有受到什么实质性的惩罚，最终还得到了别人的肯定，但这也让她看到了自己认识的不足，认为服务并不是端茶倒水、负责乘客的安全那么简单，它其实是一门艺术，应该用更高的标准来要求自己。她于是反复琢磨，主动改进，根据民航的要求和前辈们的经验，给自己制定了一套一流的标准，即儿童乘客的好阿姨；老年乘客的好女儿；特殊乘客的好帮手；外地乘客的好向导；伤残乘客的好护士，统称"五好"标准。

在这个一流标准的指引下，她越做越好。2000年4月，"吴尔愉乘务组"正式成立。在这短短几年内，吴尔愉收到了4000多封表扬信，之后，已经38岁的她被公司选派出去作为代表，参加航空小姐大赛。最终，她成为大赛中唯一获得两个奖项的选手——最佳仪态奖和大赛金奖!

世界上没有不犯一点错误的人，即使是群众公认的"能人"，单位里的"要人"，上级领导眼里的"红人"，恐怕也会有"马失前蹄"或"大意失荆州"的时候，不可能"百战百胜"、"一贯正确"，关键在于是否能够认识和改正错误。因为有错误，不管是否因犯错受到惩罚，都要主动改正，要自己多给自己挑刺，追求完美，这是一个优秀共产党员对自己要求严格的体现。如果因为没有受到惩罚就不改正、不改进，这也是一种犯错。工作中出现矛盾和问题，往往"不识庐山真面目，只缘身在此山中"，而别人却看得很清楚。应勇于解剖自己，看看自己有无毛病和问题，能遇到偏激过火的言行时，不闻过则怒，更不能因别人的批评妨碍私人欲望、触到自己的痛处而耿耿于怀。应保持冷静，全面分析，将心比心，正确对待。

"心底无私天地宽。"无私才能无畏。接受批评需要勇气。这种勇气的唯一来源是共产党人对人民利益、党的事业的无限忠诚。作为党员干部尤其是党政主要领导，只有站在人民利益和党的事业的高度、党性的高度，才能讲道理、讲原则，不讲面子、不讲关系。查根源不遮丑，谈问题不回避，找差距不护短，积极开展健康的思想斗争。

如果我们在工作中，经常能想一想“通过哪几个方面可以做得更好”、“更高的标准是什么”、“采取什么措施来保证”……那么我们的进步也会超乎想象。

居功不傲，出众不扬

自傲是一个人思维和行为恶性膨胀的结果。当一个人不能够正确摆正自己在社会与生活中的位置时，其心理就会向正负两个方面发展。一方面是自卑，另一方面则是自傲。

曾有人说自傲是生活在自己的影子里，而且，这种影子还是日落西山的影子。这话尚有道理，日落时的影子斜斜地照过来，小猫就会变成了老虎，跳蚤也会变成了大象。而自傲的人则对这种虚假的现象信以为真，整天生活在自己膨胀的思维里，不可一世，不能自拔。

自傲的人是悲剧型的人物。他们的可悲之处就在于错误地估计了自己的能力。对于他们自己在社会中的行为，他们绝不是有意为之的，而是自然而然的表现。他们从本质上不是为了粉饰自己，而是气壮如牛，胆大如斗，以为自己原本就有如此的能耐。所以，当他们被某一件事情撞得头破血流的时候，在心里绝不承认自己失败的同时，嘴里还骂着别人诸多的不是之处。有人说过：当一个人不能够认识到自己的错误反而认为自己的行为是正确时，他必然要编造另一个错误来掩盖前一个错误，以此来证明自己前一个错误的正确性。如此一来，错误与错误相连，荒谬与荒谬衔接，造成了自傲的人人格上的极大缺陷。

1952年6月，陈赓在代彭德怀主持中国人民志愿军司令部工作时，奉调回国，负责在哈尔滨筹建军事工程学院。抗美援朝战争结束后，不少志愿军伤残人员来到哈尔滨休养。

有一天，在学院门口汽车站，乘客正排队上车，突然拥过来十几名伤残军人，他们争着往前挤。旁边几个老百姓看不惯，说了几句。这些年轻士兵火了，大嚷："老子在前方流血牺牲，现在身残归来，还不该享受优待？"群众中有几个转业军人很不高兴，批评了他们。这些伤残军人更生气，他们叫喊着："除了志愿军司令员，谁也别来管老子！"

陈赓刚好路过这里，看到了这一幕，大喝一声："我就是志愿军司令员，今天，我就管管你们！"

士兵中有人冷笑起来："居然冒出个志愿军司令员。"话音刚落，响起一声雷吼："我是陈赓！"那十几个人一听，"刷"地一下立正，行起军礼，连手也不敢放下来。

陈赓命令警卫员把这些人带走，对群众道歉说："战士无礼，干部有责，这是我陈赓教育不严。"然后，又向那几个转业军人说："总算还有几个遵纪守法的，不然，我这个司令员可无脸见江东父老了。"

陈赓把那十几个年轻的伤残军人狠狠批评了一顿，要了一部车子，派人带他们游览斯大林公园和太阳岛，又把他们送回疗养院。

临走时，陈赓同伤残军人一个个拥抱，还刮他们的鼻子，他深情地说："在战场上，你们都是英雄，是有功之人哪。人民敬重你们，你们千万不要居功自傲。要保持志愿军的荣誉，万万不可把自己降成兵痞。要是人民嫌弃你们，你们就连亲爹亲娘也没有啦！"

按理说在这些人中陈赓将军最有资格"傲"，可是他没有，相反是那些没有多大"傲资"的人在傲，这就是伟大与渺小的分别。

"杂交水稻之父"袁隆平，天下闻名，妇孺皆知。1964年，袁隆平在国内率先开始杂交水稻研究，1973年实现三系配套，1974年育成第一个杂交水稻强优组合南优2号，1975年研制成功杂交水稻种植技术，从而为全国大面积推广杂交水稻奠定了基础。拥有世界7%土地的中国人养活了占世界22%的人口，这其中“杂交水稻之父”袁隆平院士功不可没。

袁隆平现任中国国家杂交水稻工程技术中心主任暨湖南杂交水稻研究中心主任、西南大学农学与生物科技学院名誉院长、湖南农业大学教授、中国农业大学客座教授、怀化职业技术学院名誉院长、湖南生物机电职业技术学院名誉院长、联合国粮农组织首席顾问、世界华人健康饮食协会荣誉主席、湖南省科协副主席和湖南省政协副主席。先后获得国家特等发明奖、首届国家最高科学技术奖、联合国科学奖、沃尔夫奖、世界粮食奖、沃尔夫农业奖、马哈蒂尔科学奖……可谓集荣耀于一身。然而，当有人问：这么多荣誉，您觉得自己最大的成就在哪时，袁隆平的回答是：荣誉是代表国家、代表民族的，并不是给我个人的。

在他看来，杂交稻并非他自己一个人的成绩，而是整个科研团体的成就。这种荣誉对自己也是一种鞭策，鞭策自己不断进取。这种不居功自傲的谦和心态，难道不令那些缺乏自知之明，只知追名逐利、碌碌钻营之辈无地自容吗？

葛宝丰，中国工程院院士，专业为骨外科学，河北省乐亭县人。1945年毕业于国立中正医学院。兰州军区总医院骨科研究所所长、博士后研究生导师。1998年当选为中国工程院院士。他从事骨科专业50余年，早在上世纪50年代初即在国内开展了带血循环的骨移植，引进了髓管内穿针内固定术。对四肢和脊柱骨折，自发生机制、内外固定、促进骨愈合以及合并症的预防进行了系列研究，发明创造20余项。1989年他首先将异种骨形成蛋白应用于临床修复骨缺损，确定了其单独应用的成骨性能。2004年在骨质疏松症的研究中，他确定了西北地区居民骨密度峰值，澄清了藏民的峰值骨量。先后获国家发明、进步奖和部队省级二等奖以上20余项，发表论文200余篇，共千万余言。

然而，就是这样一个人，至今，他仍住在上世纪80年代修建的老旧楼房里。2004年，医院准备为葛宝丰修建一栋院士楼，楼址选定后，工人们准备将一棵生长了多年的雪松挪走。葛老看见后，立刻找到医院领导说："在我们这里长一棵大树不容易，我宁可不住新房子，也不能毁了这棵雪松。"此后，葛老硬是不让再建院士楼，医院只好将他住的老房子做简单修缮。

葛老平时生活节俭，但对待他人遇到困难总会倾囊相助。1987年，葛老到北京参加一个重要会议，老伴为他选一双新皮鞋，他嫌太贵没买。但开完会后，他特意到北京人民医院看望在那里进修的学生白孟海，得知白孟海需要一个试验用的细胞株时，葛老二话没说掏出500元钱让他去买；看到白孟海生活清苦，又给了他200元的生活费，这些钱在今天可能不算啥，然而当时葛老的工资只是每月280元。曾在葛老身边工作的农村籍战士张红，父母身体有病，家庭经济条件较差，葛老每年都要给他家里寄上500元钱，从张红复员至今近20年从未间断过。

另外，葛老十分平易近人。2011年，兰州军区第十届骨科学会年会在青海省西宁市召开，葛老欣然前往。会务组按有关接待标准，为葛老在酒店订了一个豪华套间，但他就是不愿入住，92岁高龄的葛老和与会代表一起住着标准间。

葛宝丰的才华、成就可以说比一般人要高得多、大得多,但他没有把这些看作资本,居功不自傲,出众不张扬,位高权重但平易近人，这才是一个共产党人应该具有的高尚品格，是值得我们永远记住并学习的。

然而，如今有些党员、干部，有了一点点的成就，就以一点而论全局，以一斑而窥全豹，自以为知其一而懂十，懂其十而得万。自傲心理不断膨胀，天下之大，以我最能。领导不如我，群众不如我，同事更不如我。总认为自己是虎落平阳，龙困浅滩；总认为自己可为一室之长，可担一县之任，可负一省之责。有这种思想的人，无疑就像左手攥着的只是一只充满了气的气球，右手攥着一根锋利的钢针，不用人家打破它，他自己在手舞足蹈之际，就将气球化为乌有，成为人们的笑饼。

第六课

诚信——守约守时讲信誉，一诺千金美名扬

诚信是公民的第二个“身份证”，是日常行为的诚实和正式交流的信用的合称。对于普通公民来讲，是一种道德诉求，但对于共产党员来说，则是必须具备的基本素质和品格。每一名党员干部都有责任通过自身的模范行动去践行诚信原则，这样才能赢得民心，取得广大群众的信任。

诚实做人，美名颂扬

诚实，通俗地表述，就是说老实话，办老实事，做老实人。

对于共产党人来说，说老实话，办老实事，做老实人，是最基本的要求。老一辈无产阶级革命家早在几十年前，就已经对这个问题做出了许多重要论述。其中最精辟、最简洁的应该是毛泽东同志的“实事求是”，他只用了四个字就概括得很全面。

“说老实话，办老实事，做老实人”，即“三老”作风，它的含义虽然不用细讲，人人心知肚明，但曾经却是引领人们思想行为的重要口

号。《百年小平》一书中记述了这样一件事情：1949年7月，时任中共中央华东局第一书记、第二野战军政治委员的邓小平，在接到“进军西南，各部队加强政治动员和思想动员”的命令后，先后五六次亲自给“西南服务团”做报告。其中9月21日、22日，在南京原中央大学运动场做的《忠诚老实》报告中提到：“一个革命者是不是忠于人民，忠于党，就是看他是不是老实，是不是实事求是。忠诚与老实就是毛主席讲的实事求是。一个自觉的革命者无论在何种情况下，何时何地，都要做到忠诚老实，对群众要忠诚，对党要忠诚，要老老实实地说话，老老实实地办事，老老实实地做人。”

这一口号在那个年代里，不仅喊在嘴上，写在墙上，并且落实在行动上。无论是谁，只要发现有弄虚作假的行为，无论事大、事小，轻者在生活会上做检查，重者受到党纪、政纪处分，都会受到国人的鞭挞。

曾受国人广泛赞誉推崇的“三老”作风，这些年来，却遭到所谓“新思潮”、“新理念”的非议与责难：说实话往往引起一些人的不满和“不灵醒”的批评；办老实事，反被人讥为“死教条”、“头脑不活络”；老实人与“傻瓜”画上了等号。令人痛心的是，在“不讲假话办不成大事”的影响下，“假、大、空”泛滥成灾。荣辱观的错位，使乐做“三老”的人不敢理直气壮。

在我们的现实生活中，不同程度地存在着这样一些现象：一些党员干部不愿意说老实话、办老实事、做老实人。或数字注水、数字造假、数字出官；或说大话、假话；或钻营取巧、溜须拍马；或大搞形象工程、政绩工程；或只说不干、只跑不干等等。他们把中国人“说老实话、办老实事、做老实人”的优良传统，抛在了九霄云外。

目前在我们党内，不实事求是、弄虚作假的现象在一定程度上依然存在着，有的还相当严重。有的党员和党员干部，做工作是“对上不对下，对外不对内，对虚不对实”；有的为了讨好上级，只报喜不报忧；有的虚报成绩，骗取荣誉；有的已经从不正之风发展到违法乱纪的严重地步。如果不纠正这种弄虚作假的歪风邪气，误国害民的结果势必会出现。

大家知道，“政绩”，简单地说，就是执政的成绩。就像在校的学生，都想取得好成绩一样，执政者追求“政绩”，无可厚非。但问题的关键是，如何取得这种成绩。

为了升迁、为了让上级高兴，制造假的政绩这种现象不知道是从何时起出现的。但我们必须认清一点：这种社会现象的存在，危害极大。

2002年1月28日有一篇《别让浮夸风吹出虚假“政绩”》的文章，作者肖树臣在文章中对河南省卢氏县原县委书记杜保乾的造假政绩做了细致的描述，值得我们深思。

卢氏县地处深山，土地瘠薄，人均耕地仅为1亩左右。全国100个贫困县，河南省卢氏县名列其中。2000年，全县农民人均毛收入为1050元，农业生产性投入扣除后，人均纯收入仅有750元。但是，在杜保乾的账目中，“人均纯收入”这一条目竟高达1819元。

虚报政绩、弄虚作假，这些手段杜保乾在卢氏县当政时，农民都已经习以为常，甚至觉得其他的党政干部也都是这么做的。

卢氏县有一个养猪模范村。一次，市里领导要来检查这个模范村的规模并学习经验。杜保乾担心了，因为“模范村”仅有十几头猪，露馅了怎么办？杜保乾很“聪明”，提前布置了一番。

那天，市领导的小车队刚一露面，村民们就一齐用棍子使劲往猪身上打，让猪狠命地叫唤。

市领导老远听到一片猪叫，连说“这个村猪真多”。正好这个时候市里有事，随即，市领导的车队离村而去。

卢氏县还有一个养牛基地，像“养猪模范村”一样，这个基地只有几十头牛，但他们对外却声称有数百头。领导只要来检查，村长便火速到邻村去“租”牛，而且一“租”就是数百头。

老百姓常说“上梁不正下梁歪”。县委书记大搞“政绩工程”为自己“撑面子”，下边的干部必然以此为“时尚”。连年的造假工程，使国家大量的扶贫款变成了造贫款，卢氏县农民直接损失3.1亿元，贷款资金死滞呆账损失达1.2亿元。

由此可见，衡量一个党员、党政干部有没有党性，党性强不强、纯不纯的重要标志就是看他能不能做到说老实话、办老实事、当老实人。

早在1962年，刘少奇同志《在扩大的中央工作会议上的报告》中非常严肃地指出，有些人“为了出风头、争名誉，有意隐瞒缺点，夸张成绩，掩盖错误，不惜向党做假报告。这种对党、对上级弄虚作假，不是主观主义的问题，甚至不是属于不了解情况的问题，而是一种极不老实的欺骗行为，是一种纯粹的资产阶级作风，是完全违反党的纪律的行为”。针对当时党内有些同志存在着“弄虚作假，瞒上欺下”的不良作风，及时提出：“必须在党员中间，大力提倡说老实话、办老实事、当老实人，坚决反对弄虚作假。”

“老实做人、做老实人，是共产党员先进性的内在要求，是领导干部‘官德’的外在表现，也是我们党的一贯主张。”2008年5月13日，习近平出席2008年中央党校春季学期第二批进修班开学典礼时这样强调。

无论世事如何变迁，说老实话、办老实事、当老实人，应该永远成为我们说话、办事、做人的标准。否则，我们什么也干不成、干不了。那么，怎样才能做到说老实话，办老实事，做老实人呢？

说老实话，要做到一是一，二是二，是就是，非就非；要做到讲真话、道真情、议真事；要做到缺点不缩小，错误不隐瞒，成绩不夸大，有成绩讲成绩，有失误讲失误。

办老实事，要做到以高度的责任感和事业心，严守步骤，严把环节，严走程序，严肃地对待工作，多干实事，少说空话，准确地把握政策，鼓实劲，实实在在，一步一个脚印，勤勤恳恳、兢兢业业、埋头苦干，一丝不苟地完成每项任务。

做老实人，要做到敢于坚持原则，不欺上瞒下，表里如一，言行一致，诚实守信，人前人后一个样，不弄虚作假。

“做老实人，说老实话，办老实事”，与我们今天提倡的求真务实的作风也是完全一致的，与党的实事求是的思想路线是完全一致的。同时，也是一名党员特别是党员干部，赢得群众的信任和肯定，树立可信可敬、老实可靠的形象的前提保障。

实事求是说起来容易做起来却并不是一件容易的事。虽然它是对一名党员的最低道德品行要求，却也是一名党员思想的最高境界。想要达到这个高度，不但需要有淡泊名利、胸怀大局的精神，还要有说老实话、办老实事、做老实人的作风；它不是一下子就形成的，不是靠耍小聪明骗出来的，不是靠自己吹出来的，不是靠权力压出来的，也不是靠上级封出来的，而是靠尽心竭力、真心实意、坚持不懈逐步树立起来的。正如周恩来总理所说：“世界上最聪明的人是老实人，因为只有老实人才能经得起事实和历史的考验。”

诚实守信，立身之本

诚信是金，对朋友诚信、对同事诚信、对领导诚信、对组织诚信、对国家和社会诚信、对群众诚信的人，不管走到哪里，都会受到欢迎。

我国著名的科学家邓稼先和杨振宁是好朋友。杨振宁是美籍华人，很小的时候两个人就在一块儿玩，后来还在一个中学读书。长大以后，两个人都在美国留学，并且都学习理论物理学，进行原子核物理研究。学成后由于中国当时时局动荡，杨振宁选择了留在美国搞科学研究，而邓稼先则决定返回祖国，支持祖国的科技建设。

邓稼先回国以后，被派去领导和组织原子弹的研制工作。经过多年的艰苦奋斗，1964年10月26日我国第一颗原子弹试验成功。杨振宁知道了这个消息后很为自己的祖国高兴，同时他也很想知道自己的好朋友邓稼先是否也参与了原子弹的研究工作。但他知道这是国家机密，如果问邓稼先，会让他为难的，所以就一直没问过，直到1971年回国。

邓稼先和杨振宁这对分别整整20年的老朋友，一见面就没完没了地聊了起来。但是由于邓稼先从事的工作属于国家机密，两人的谈话总是点到为止。可是杨振宁十分想知道邓稼先是否参与了原子弹的研究，于是就绕着弯子问他："听说中国研究原子弹的专家中有美国人，有这么回事么?"

如果邓稼先回答"没有"，就证明了自己很了解参加原子弹试验的成员，这实际上是承认了自己也参与了原子弹的研制；如果回答"不知道"，又是在欺骗老朋友。邓稼先是一个诚实正直的人，这个问题让邓稼先很为难，于是他就想出一个既不泄密，也不欺骗朋友的办法，说："我以后再告诉你吧。"

于是，邓稼先把这个问题向上级汇报，最终得到周恩来的批准，邓稼先这才如实地答复了老朋友的问题。

诚信是中华民族的传统美德，自古就得以强调。我们的大圣人孔子把诚信提高到为政者第一位的高度，并在《论语·为政》中说："人而无信，不知其可也。"讲的就是，如果一个人连诚信都没有，不知道他该怎么在这个世上做人、做事。

有一次子贡问孔子：“处理政事、治理天下什么最重要？”

孔子回答道：“立国，要有充足的粮食、军队，还有老百姓对你的信任。”

子贡说：“如果迫不得已去掉一项，三者之中先去掉哪一项？”

孔子说：“去掉军队。”

子贡又问：“如果不得已要再去掉一项，二者之中先去掉哪一项？”

孔子说：“去掉粮食，宁可不要粮食，都要老百姓的信任。自古以来谁也免不了一死，但人不讲信用就不能立足。”

在孔子看来，如果统治者做不到诚实守信，不能取信于民，那么，再充足的粮食和军备也无济于事，依然难以立国立民。“诚信”是治国为政的重要原则，甚至关系到国家的前途和命运，所以，孔子在主张“为政以德”时，特别强调“信”的作用，把“信”放在治理国政的重要位置。

从古至今，诚信都是立身之本，作为一种人格属性无疑是对一切人的道德要求，无论是一个民族，还是一个人，失去诚信，一切都无从谈起。

《人民日报》曾刊登过一篇梁冬写的关于《一张欠条》的故事，深深地触动了人们的心灵，使我们更深刻地明白人民军队受人爱戴的原因。

那是在延安的一户农民家里，墙上挂着一块玻璃镜框。只见一张褪了色的纸条上写道：“在贵家吃饭欠大洋一块，王万全，刘喜山。”主人对来访人员讲出了这张欠条的来历：

那是70多年前，两位战士在同敌人作战中，与部队失去了联系，其中一位负了伤。他俩经过一夜的摸爬，敲开这位老乡的家门。他们向老乡讲了自己的来历，老乡热情招待他俩吃饭休息。三天时间过去了，两位战士思念部队，向老乡告别，他们除了带的枪，身上一分钱也没有，老乡看出了他们的心事，说："你们为咱们穷人打天下，把命都搭上了，吃几天饭算个啥，你们放心走吧。"

两位战士摇摇头说："我们有三大纪律八项注意，不拿群众一针一线，更不能吃老乡的饭不给钱。现在我们确实没有钱，但我俩给你写欠条，等延安保卫战打完了，我们一定上门还。"说着便写下了这张欠条。

第二年，这位叫王万全的战士果然上门，还了一块大洋，老乡问王万全，那位负伤的战士怎么没有来，王万全哽咽地说："他牺牲了，临牺牲前，他拉着我的手说，他有一桩事心里放不下，有机会一定要到老乡家把那一块大洋还给老乡啊，我不能去了，代我谢谢老乡。"

之后，王万全要这张欠条，老乡却舍不得了，说："我给你写一张收条，这张欠条我要保存下来。"

这件事已过了70多年，农家主人的爷爷已作古，红军王万全怕也不在人世了。但这张欠条越显得珍贵了。它像一块足金，熠熠闪光；它像一面镜子，照出了红军的光荣传统；更像一尊丰碑，映出了人民军队的伟大。看到它，谁能不为之动容。

读完这个故事，就想与读者共享，因为红军战士的诚信实在值得我们学习，当年这位红军战士还的不仅是一块大洋的债，还的更是一份诚信。

党员是中国共产党的先进代表，是党面向社会的窗口，可以毫不夸张地说，其一言一行都越来越被公众所重视，牵动了每个人的心。但在现实中，党员诚信缺失，有的还相当严重，已经引起了剧烈反响。

《中国青年报》曾经报道了一个乡政府吃垮一家"青年文明号"

酒家的事件。

广西防城港市滩营乡青年黄胜兴，退伍军人，在部队时立过三等功，复员后白手起家办起了“长兴酒家”。由于经营有方，服务精良，酒家效益很好，黄胜兴本人也受到了各界的一致认可和赞扬，并被评为全国先进个体劳动者，“长兴酒家”荣获广西自治区级“青年文明号”称号。在经营的三年时间里，乡政府赊欠的餐饮费高达8万多元，因为他们的干部天天有事没事就到酒家胡吃海喝，酒足饭饱后，留下“赊账”两字，拍拍屁股一走了之。8万元，对于一个个体户来说，这些钱就是周转资金。由于无法继续经营，黄胜兴三天两头到乡政府讨债，但结果总是两手空空。后经媒体呼吁宣传，乡政府只偿还1万多元，对余下的7万元予以否认。就这样，一家享誉一方的“青年文明号”酒家被地方政府吃倒闭了。

这件事一经报道，便在社会上引起了极大反响，这样的“政府机关”，这样的“公仆”，还有什么诚信可言？更不用提“为人民服务”的宗旨。

党员是党的代言者，是党的思想、方针、政策的传播者，社会优良风气的模范执行者，所以作为一名党员讲诚信尤为重要。党员讲诚信才能带动全社会讲诚信，建立良好信誉，维护诚信纪律。随着社会诚信体系的建立，在要求公众讲信用、守诚信的同时，党员、干部能否起到带头作用，对于推动诚信社会的建设将起到至关重要的作用。党员讲诚信要从自身做起。在处理个人与他人、个人与社会的关系时要讲诚信，为人民服务要讲诚信，执行公务、处理问题要讲诚信。

诚实守信是为政之根、立事之基、做人之本。对于政府来说，诚实守信代表政府的威望；对于企业来说，诚实守信代表一家企业的生命；对于个人来说，诚实守信代表一个人的人格。国无信不宁，业无信不兴，人无信不立。

敢于承诺，兑现承诺

敢于承诺，是说实话不可缺少的方面，也是党性的重要体现。但光有承诺不行，还得确保承诺的兑现，否则承诺就会变成糊弄人的话，变成空话，令人厌恶和痛恨。所以，我们不仅要敢于承诺，更要确保能够兑现承诺。所以，我们承诺之前，就要确保能够做到以下两点：

1.承诺的内容和具体实现时间要确定

在工作中，我们经常会遇到要表态的情况，有的人，承诺是承诺了："一定给你一个答复"、"一定帮你解决"、"一定给你办"，但承诺过后，他什么时候兑现你永远也不知道。而大部分承诺，就在没有具体兑现的时间中拖没了、拖黄了、拖散了。有的人会想：万一做不好岂不是给人留下把柄，自己今后也难做人!自己何必急于表态、凡事都先承诺呢?这样就能给自己找条退路：反正我没表态，不管做成什么样，都不会有人怪我。这是一位优秀的共产党员该做的吗?所以，要敢于承诺，更要给出兑现承诺的内容和时间。

梁雨润，山西省运城市纪委常委、副书记、优秀共产党员，被称为"爱民干部"、"百姓书记"，中央纪委曾号召全国纪检监察干部向他学习。我们来看看他是如何做的：

在一个村庄里，有一位叫崔良娟的农村妇女，因为邻居仗势欺人，强占宅基地不还，为这件事情她上访了整整32年，从一个年轻妇女变成白发苍苍的老人，但事情依然没有得到解决。在没有其他办法的情况下，她找到了梁雨润，梁雨润听后，当即承诺："10天内帮你解决问题。"梁雨润身边的人都劝他不要管，因为宅基地的事情，不在纪委管辖范围内。而且32年都没有解决的问题，到他这里怎么可能

10天就解决？但梁雨润却想：如果自己也像别人那样把她推出去，那她还能找谁？谁还会用心给她解决问题？承诺完他就立即指挥人员处理这件事情，果然，只用了10天时间，问题就得到了圆满解决。

了解了事情的始末，我们在钦佩梁雨润敢承诺、敢兑现承诺的同时，不禁要问：整整拖了32年的事情怎么到了梁雨润这里就只用了10天呢？相信在崔良娟32年的上访过程中，“你的问题我们会解决，你先回去等着吧”，这样的承诺肯定不止一次发生，承诺完以后呢？就是无限期的等待。这样的话，跟空话、废话有什么两样？这样的承诺，跟没有承诺有什么区别？

我们之所以要给出兑现承诺的具体时间，首先是要让接受承诺的人安心。举例说，当我们说“我明天下午3点之前把解决问题的办法发给你”的时候，别人听了，心中就会有数，不会老惦记这件事情，也会更合理地去安排自己的工作。其次，有了具体兑现的时间，对于我们自己而言，就会有紧迫感，不会轻易被“烦、拖、难”的情绪所支配。

2.敢于面对和解决一切兑现承诺时的困难

如果很快给人承诺，但结果却迟迟不能出来，不仅会让人失去信心，还会让人产生腻烦、讨厌的心理。之所以会出现不能如期兑现承诺这种情况，很重要的一个原因就是：一遇到困难就退缩，马上打退堂鼓。但我们必须明确一点，只要是做事，各种各样的问题就一定会遇到，如果一有困难就退缩，就不可能做成功一件事。所以，一旦我们承诺了，就一定要做好克服各种困难的思想准备，一定要说到做到。

我们来看看被评为“全国纪检监察系统先进工作者标兵”、北京昌平区纪委常委沈长瑞的做法，或许能给我们一些启示：

曾经有一位退休老干部因为房屋问题找到了沈长瑞，他听完老干部的诉说，立即表示第二天就去他家详细了解情况，调查清楚再给他答复。老干部于是就放心地回家去了。可天公不作美，夜里突然下起了大雪，到第二天早上的时候，雪已经厚得连车都无法通行。“这么大的雪，沈常委一定不会来了……”老人边想边嘀咕。就在这时，敲门声突然响起来了，老人赶忙打开门一看，门外站着已经变成“雪人”、推着自行车的沈长瑞和信访室副主任。为了兑现自己的承诺，不让老人失望，沈长瑞骑着自行车、冒着大雪、赶了11公里路才到老人家。

并不是每个人都可以做到这一点，因为很多人在面对这样的情况时，可能会想：下这么大的雪，客观原因造成的去不了，再说又不是什么大不了的事，推迟一两天有什么不可以。而沈长瑞明白：承诺了就要做到。假如说到做到，就容易建立信任，假如能排除一切困难去做到，就更容易树立和强化信任！而如果做不到，就容易失去信任。沈长瑞最了不起的地方，也是给我们最大启示的地方，就是没有认为不能及时赶到“不是什么大不了的事”，也没有因为“客观原因”而让自己的承诺落空。所以，他获得的荣誉是货真价实的。

在我们的工作中，在我们向人承诺之后，必然会遇到这样那样的问题，甚至超出我们的想象。但是，最优秀的党员，总是能以“说到就要做到”的态度，将这些问题和困难战胜，去体现自己的优秀党性，并获得人民越来越大的信任！

遵守承诺，说话算数

遵守承诺，就是诚实守信。诚实就是忠诚老实，不讲假话，不歪曲事实，光明磊落，处事实在。守信就是重信用，说话算数，履行自己应承担的义务，从而取得信任。诚和信是一个事物的两个方面，诚是信的基础，信是诚的表现形式。诚实之人行动上必然守信，守信之人在社会上必能赢得别人的信任，在健康社会中这是一个良性循环。

我国著名的思想家曾子就是一个遵守承诺、说话算数的人。有一次，他的妻子去街上买东西，独生儿子哭闹着一定要去。可曾子妻子嫌麻烦，就随便哄他一句说："你在家玩吧！等妈妈回来给你杀猪吃。乖！"儿子果然不哭闹了，等着吃猪肉。

妻子回来后，曾子拿起刀就去杀猪。妻子感到很奇怪，就问丈夫："咦，今天又不是过年过节的，你杀什么猪呀？"

曾子回答说："不是你自己说回来后要给儿子杀猪吗？"

"哎，我是哄孩子玩呢，你怎么当真了，应付一下就算啦。"

曾子严肃地说："孩子可不是开玩笑的对象。他小，不懂事，凡事都要向父母学习，听从父母的教诲，如果父母说话不算数，欺骗了孩子，孩子就会认为人是可以欺骗的，转而去欺骗别人。如此一来，孩子骗人就成为父母教的了。而且，你骗了孩子，孩子以后就不再相信你了，你说的话他还能听吗？"曾子的妻子恍然大悟。

后来，曾子真的把猪杀了。

就是现在还有人对曾子的做法表示不赞同，说曾子的做法过了。这种想法是错误的，因为诚信与年龄无关，真正诚实守信的人从来不管对方是谁，无论大人还是小孩，男人还是女人……

遵守承诺，就是恪守信用，不虚伪欺诈。就是言与行一致，说话算数，怎么说就怎么做，不折不扣地执行自己的承诺。

毛泽东一生中都很注重"信用"二字，绝不因为自己位高权重，而轻易失信于人。对自己说过的话，从来都是很负责任的。

1949年2月，北平和平解放后，毛泽东、周恩来、朱德等在西柏坡会见了傅作义将军。会面期间，傅作义表示，要在有生之年做一些对人民有益的事。

"傅将军，我想听听你将来愿意做些什么工作？"毛泽东问。

"我想，我不能在军队里工作了，最好让我回到黄河河套一带去做点水利方面的事。”

“军事上你是很有才干的，我还真没想到傅将军对水利工作也感兴趣？”毛泽东好奇地问。

“我对水利一直有特别的兴趣，过去是身不由己呀!”

“那不行，那黄河河套的工作太小了，给你是大材小用嘛!那样的话，蒋介石也会感到委屈的，你过去是他的堂堂大将军嘛!我看哪……”毛泽东急忙摇头摆手说道。然后又回头看看周恩来和朱德，又转过头来看着傅作义，“将来你可以当水利部长嘛。”

周恩来和朱德都笑着点头，说：“好哇!”

新中国成立后，原国民党高级将领傅作义，不仅当上了新中国第一任水利部长，而且还干得很出色。毛泽东没有食言。

现代社会中的党员更应该具有最起码的诚信修养，明白“一诺千金”的道理。如果不及时兑现政策，不依法履行承诺、有时承诺不够具体而显得假、大、空，且少数党员干部滥用权力，这些行为如果不及时改正，会对党群关系造成更大的伤害。

前几年媒体披露的“羊贱伤农”的事至今让人记忆犹新。据报载，某地政府为了增加农民收入，决定重点发展畜牧业，并贷款从山东引进了一批小尾山羊，以乡政府的名义和农户签订了以“投一还一”等内容的养殖协议，投放到农户饲养。但是由于乡政府立功心切，缺乏对市场的认真调查分析，导致出现了“羊多为患”、供大于求的结果。为了还贷，乡政府单方面撕毁合同，按当初羊的价格，向养殖户发了催款通知，“要钱不要羊”，最终造成民怨沸腾，不计其数的群众结伴上访，不仅影响了各项工作的开展，还严重损害了干群关系。

但是这并不是唯一的例子，当前某些党员干部失信的问题已成为影响党风、政风的一个突出问题。

言必信，行必果。党员干部一旦做出承诺就必须信守承诺，履行承诺，否则将失信于民。党员胡某是一家机关的办事员，他的主要工作就是发放证件。有一天，一名群众按照事先约好的时间来拿办好的证件，他却下乡了，于是来人打电话问他，什么时候再来合适。在电话里他要人家第二天上午9点在办公室等他，他一定到，可第二天早上，人家8点就到了办公室，一直等到中午快下班，还是没见到胡某的人影。和人家约好的事，还不当一回事，胡某这样做就是不对。因为他经常这样，害得好多来办证的人要跑好几趟，群众对这个部门的意见越来越大，有的一气之下写了举报信，领导非常恼火，立即就把胡某撤换了。

事实上，党员诚信问题，是党员的行为准则和应具备的基本道德品质问题，关系到党的形象，并不简单是党员个人的私事，这是由党员身份的特征所决定的。党员是党的先进代表，其言谈举止代表党的形象，他们所做出的行为，对一个地区、部门、单位的发展至关重要。因此，他们的诚信程度如何，无可厚非地对党的信用程度起着举足轻重的作用。党员干部的诚信行为对全社会成员起着表率作用，是最高层次的典型示范。党员以诚信待民，就能增强民众的认同感，凝聚民心，赢得公众的支持和信任；党员真诚地为人民谋利益，就能使公众受到感召，并自觉效法，从而形成以诚信为本、操守为重的良好风尚。否则，整个社会的诚信将不复存在。

所以，对于一名党员，特别是党员干部来说，无论事情大小，都要遵守承诺，恪守信用，说话算话。

诚实守信，指路明灯

一个人的正直诚信不仅可以带来财富，在岔路口，更能指明人生的正确方向，不让自己有任何遗憾，任何愧疚。正如伟大的文学家高尔基所说："走正直诚实的生活道路，必定会有一个问心无愧的归宿。"

李素芳，共产党员，四川省攀枝花人，仁和区个私协会常务理事，颜如玉美容美发店老板。

李素芳原是攀钢企业公司员工，1995年，公司减员她离开了熟悉的岗位，只身来到西南美容学院学习美容美发技术。学成回来办起了美容美发中心，从此走上个体经营的道路。一开始李素芳心里面不踏实，对自己所选的这个行业并没有多大信心，因为毕竟这不是"铁饭碗"。然而，在党和政府的大力扶持下，个体工商户的路越走越宽了，再加上在她自己的努力下，她的美容美发中心在同行业中名列前茅，取得了良好的经济效益与社会效益。

李素芳是个知恩图报的人，她把自己的成绩归功于党的政策，决心以实际行动回报社会。她认真履行纳税义务，不偷税漏税、不谎报瞒报，先后向仁和区缴纳各项税费20多万元，被市工商局、市个协评为"诚信个体工商户"。

2005年，部分个体工商户出于个人利益考虑，不愿缴纳规定的税费。李素芳首先主动向有关部门交清各项费用，然后挨家挨户地向个体户们宣传有关政策方针，动员他们理解并支持主管部门的工作。经李素芳动员宣传后，个体户们陆续把该交的费用全部交齐。十多年来，李素芳在同行业的激烈竞争中以讲质量、上档次、重服务为宗旨，赢得了众多顾客的信任，在同行业中闯出了一片新天地。她本人也在2005年被四川省委宣传部、省工商局、省个私协会评为"诚信个体工商户"。

李素芳成功了，但她没有忘记社会，她乐于帮助他人，热心公益事业，还多次捐资助学。2005年，仁和区健生乳业和爽口大米两家店面发生火灾，损失严重。李素芳得知情况后，主动拿着募捐箱走上街头为其筹集善款10000余元。

另外，李素芳还通过自己的美容美发中心解决下岗职工、农村剩余劳动力就业人员150余人。李素芳也曾经是下岗工人，知道下岗工人这个时候的难处，就免费给她们提供学习机会，还不时掏钱给学生们贴补家用。

如今，在仁和乃至整个攀枝花，提到颜如玉美容美发中心就没人不知道，颜如玉美容美发中心之所以声名远播，是因为李素芳从来就是以诚信对待顾客。

十多年来，李素芳已记不清自己拒绝了多少个上门推销化妆品的推销员。有一次，对方承诺以一支口红一元钱乃至更低的价格将化妆品卖给李素芳。如果李素芳接受了，这意味着，她的美容店每月至少可以节约成本3000元，在美容院行业竞争火爆的今天，这不是一个小数字。但李素芳没有半点犹豫地拒绝了。并且明确地告诉对方："我的店里永远都不会出现那些劣质化妆品。顾客在我这里消费，我要对他们负责，要对得起自己的良心。"

如果仔细想一下，我们就会发现李素芳每拒绝一次伪劣产品，就是一次选择。生活就是这样，命运随时都会在你面前摆上一个岔路口，一边是"捷径"，一边是诚信，就看你将如何选择。

王刚是一个不擅长跑步的人，尤其是长跑。但是，没有办法，他必须参加公司组织的一场越野赛，因为公司要求全体员工都必须参加，并且成绩将作为员工年度考核的一个指标。比赛当天，刚跑没多久，王刚就一个人孤零零远远地落在了后面。王刚气喘吁吁地跑着，虽然同事们早就跑得不见了人影，虽然他脚上像灌了铅一样沉重，虽然自知自己一定会失败，但他并没有停下来休息，而是一刻不停地跑着。

在转过了几个大弯后，一个岔路口摆在了王刚面前。岔路口前竖了两块临时搭建的牌子，一块上面标着：普通员工跑道。另一块上面标着：高管跑道。

怎么跑个越野赛高管都有便宜可占？王刚站在指示牌前犹豫着，也不满着。但是，犹豫归犹豫，不满归不满，王刚仍然转向了普通员工那条跑道。这条普通员工的跑道，蜿蜒崎岖，坑坑洼洼。王刚边卖力地向前奔，边抱怨这条破路。

大概半小时以后，劳累不堪的王刚终于跑到了终点。奇怪的是，终点线前除了作为裁判的老板，一个人影都没有。“自己一定是最后一个到的，其他人想必早都走光了。”王刚心想，“这次的年度总结评分看来是得不到一个高分了。”

然而，当筋疲力尽的王刚跨过终点线时，老板却满脸笑意地对他说：“恭喜你，王刚，你是第一名!”

太不可思议了！想想以前自己在学校时跑步从来没有及格过，这次居然跑了第一？王刚实在不敢相信。

老板看出了王刚的疑虑，但并没有当即解释，而是让王刚和他一起等着其他人。

过了差不多两个小时，大批人马才姗姗而至，而他们每个人都跑得精疲力竭，还没到达终点线，就已经纷纷倒在路边了。

老板把所有人聚集起来，非常严肃地对其他人说：“王刚赢得了胜利。但不是因为他跑得快，而是因为他在岔路口选择了普通员工跑道!”

人生的岔路口，选择决定了成败。当你让诚实来指引人生的方向时，你的人生就会走得比想象中更心安、更平坦。

专家曾在职业经理人中做过一项有关人品的调查问卷，这份问卷上面只有两个题目。一个是：你最不愿意与什么样的人结交？另一个是：你最愿意与什么样的人结交？

调查结果显示，在第一个问题的答案中，“不正直不守信的人”被排在了第一位。在第二个问题的答案中，“正直诚信的人”也名列前茅。从这个结果中，我们得知：一个正直诚信的人，总是更值得他人信赖。正直诚信非常珍贵，它俨然是一个人安身立命之本。

刘先生是一家饭店的采购经理，在选择原料供应商时，他同时看中了两家肉厂的肉。这两家肉厂各有优势，他一时难以决策。于是，他就通知两家肉厂的负责人到饭店来开会，并在会议上决定最后的合作伙伴。

A厂的负责人是孙涛，B厂的负责人是杨浦，他们同时得到了通知，同时出现在这家饭店的楼下，在电梯门口碰了面。然而，等电梯的人实在太多了，电梯口被围得水泄不通。

孙涛看到这种情况心想：约好了9点钟开会，再这样等下去，就要迟到了。于是他便朝楼梯方向走去。

杨浦本来也准备爬楼梯的，可他知道这家饭店的会议室在最顶层，于是静静地在楼下等了起来。

当孙涛气喘吁吁地推开会议室的大门时，饭店经理已经坐在了那里，不过杨浦还没有到。孙涛用手擦擦额头上的汗，上气不接下气地对经理说：“很抱歉，经理，我迟到了！”

刘经理微笑着指指墙上的挂钟：“不，您没有迟到，是我早到了。现在才刚刚9点，您来得很准时！”说罢，他请孙涛坐了下来。

就在这时，大门响了，杨浦不慌不忙地走了进来。他衣着整洁，脸上一点汗水也没有。进门后道：“刘经理，您好，很高兴再次见到您！您饭店的生意实在太好了，单看等电梯的客人就知道了！”杨浦笑了笑，继续说，“下面我们可以谈谈合作的内容了！”

可是刘经理却摇摇头说：“对不起，我已经决定同孙涛签订这份合约了！”

杨浦大惊失色："为什么?您还没有听我的合作报告呢!"

刘经理一脸严肃："实际行动比报告更能说明问题，孙涛能准时到场。我相信他会比你做得好!"

杨浦走后，刘经理问孙涛："你为什么能准时到达呢？"

孙涛道："因为我答应过你，因为我是一名共产党员。"

诚信是中华民族一种传统美德。我们的祖先早在几千年前就说过："诚信者，天下之结也。"意即诚信是把天下人集结在一起的基本条件。人们在社会交往中只有诚实守信才能实现相互的交流和理解，从而建立相互信任、相互尊重和相互依赖的良好社会关系。诚信也是一个人立身做人的基本准则。古人言："立信才能立业"，"人之所助，信也"。一个人在社会交往中是否讲诚信，直接体现着其对社会、对他人的基本态度。不讲诚信就是对社会、对他人不尊重，当然也就不可能获得别人对自己的信任尊重和支持帮助。共产党是我国的执政党，是全国各族人民的领导核心，党风对社会风气具有极为重要的影响。共产党员特别是党的领导干部说话办事是否诚实守信，在客观上都会对群众的思想和行为产生示范作用。作为一名共产党员只要你能在人生所有岔路口选择诚实守信就永远不会偏离正确的方向。

以诚为本，以诚为荣

诚实守信是中华民族的传统美德，是公民道德的基本规范，也是新时期军人必须具备的思想道德素质。中国传统文化中的许多思想展示了诚实守信的生活态度和人际关系。古人曰："诚信者，天下之结也。"诚实守信是社会联系的纽带和社会生活的基础。胡锦涛同志提出的以"八荣八耻"为主要内容的社会主义荣辱观，强调要"以诚实守信为荣，以见利忘义为耻”，这既是对中华民族优秀传统美德的精辟概括，也体现了构建社会主义和谐社会、建设社会主义精神文明的迫切要求。对于个人而言，它是一种心灵的开放，是对自己人格的尊重。

《春秋史记》中有一则故事：秦孝公为了使秦国强盛起来，决定采纳商鞅的建议，变更国家的法度。他封商鞅为“左庶长”，掌握军政大权，全权推行新法。新法公布以前，商鞅怕老百姓不信服新法，就想办法来建立法律的权威。这一天，商鞅令手下在都城后面市场的南门立了一根三丈长的木杆，并张出告示称：“如果有人能把这木杆从南门移到北门的，赏黄金10两。”虽然围观的老百姓很多，可没有一个上前去扛木杆的。于是商鞅又命人把赏金提高到50两。这一下人群骚动起来了，有一个胆大的人上前扛起木杆，向北门走去。一大群人跟在后面看热闹。等那人把木杆放到北门时，商鞅立刻命人赏他50两黄金。商鞅的新法令颁布后，老百姓十分信服。尤其在商鞅依法惩处了几个皇亲国戚后，新法在秦国就更具有权威了，秦国很快强盛起来，为统一六国奠定了基础。

这就是“商鞅悬赏搬木”的故事，如果这样的事情放在今天，会有故意炒作之嫌，但在当时的封建社会里，不失为一良策。人因诚实守信而立，事因诚实守信而成。试想，如果老百姓不信服商鞅，认为他是伪君子，恐惧他制定的新法，即使是再宏伟的蓝图也会成为空中楼阁。正如孔子所说：“人而无信，不知其可也。”

在全社会倡导“以诚实守信为荣，以见利忘义为耻”的今天，公众更需要榜样，社会更需要引导，党员干部更应该身体力行，率先垂范，做诚实守信的积极实践者、坚定维护者。正所谓：“君臣不信，则百姓诽谤，社稷不宁；处官不信，则少不畏长，贵贱相轻；赏罚不信，则民易犯法，不可使令。”作为一名共产党员，特别是党员干部倘若靠虚假“政绩”升官，靠说谎言捞好处，必然不会为人所信服。因此，一名合格的党员干部，首先是一名具有基本道德规范的公民。要求群众做到的，自己首先应该做到。

不知大家有没有听说过这样一个故事：一位国王没有子嗣，于是，他想在全国的小孩里选出一个，做他王位的继承人。于是他发布了一道非常奇特的通告，上面是这样说的：全国每个小孩可以到王宫领一粒种子，一个花盆，回去种下，半年之后带着所发种子种出的花参加选拔，谁的花最美谁就是未来王位的继承人。

通告一出，全国的小孩子都来领了种子回去种。到了参选那天，小孩子们都捧着最美的花来见国王，只有一个孩子捧着一个装满土却什么也没长的花盆，他流着泪夹在那些兴高采烈的孩子中间显得格外的不协调。可让人没想到的是，国王面对一盆盆漂亮的花总是摇头叹气，直到看到那个只有土的花盆才欣慰地笑了，并确定他为王位继承人。后来，人们才知道原来国王发下去的种子全是煮过的！

中国有句古话说得好：“索物于暗室者，莫良于火；索道于当世者，莫良于诚。”意思是说，要想在黑暗中取物，最好借助于光亮；要想在世上干出一番事业，只有讲求诚信。

德国著名诗人海涅曾经说过：“生命不可能从谎言中开出灿烂的鲜花。”人生的苗，需要用诚信之水灌溉。有了诚信，幼苗才可以长成枝繁叶茂的大树，开出鲜艳美丽的花朵，结出丰硕的果实；只有我们拥有诚信，才会取得他人的信任，收获丰硕的成功之果，得到一种无形的人生财富。

1959年的一天，毛泽东听说老朋友黄任之有一幅东晋大书法家王羲之的真迹，就向他借来看，并说好只借一个月。毛泽东对这幅真迹爱不释手，工作之余经常展卷欣赏、揣摩。一个月时间到后，毛泽东小心翼翼地用函板将那本真迹夹好，叫来他的卫士小尹，说：“你跑一趟，送还给老黄。”又加重语气说：“路上小心，不要损坏了。今晚零点以前必须送到。”小尹说：“报告主席，黄老先生那边已经来电话说过，主席只要还在看，尽管多看几天没关系。”毛泽东摆了摆手，说：“送去吧，讲好一个月就是一个月，朋友交往要重信义。到一个月不还，我就失信了。”黄任之先生按期收到了毛泽东还回来的字帖，十分感动地说：“毛主席真是一位守信用的人呀！”

全心全意为人民服务是我党我军的根本宗旨，从统帅到士兵，为人做事历来严格履行承诺，以诚信取信于民。家喻户晓的“三大纪律八项注意”中“不拿群众一针一线”、“一切缴获要归公”、“买卖公平”、“借东西要还”、“损坏东西要赔”等内容，都包含着我军官兵与人民群众交往要讲诚信、不欺不罔的寓意。诚实守信的军人才是可靠的军人。一个军人如果虚伪欺诈，别人就不会与他交往，组织上也不会信任他。交给他任务，不是担心他完不成，就是害怕他弄虚作假，谎报军情，这样他在军队就没有立足之地。

人无诚信不立，家无诚信不和，业无诚信不兴，国无诚信不稳，世无诚信不宁，在中国被几千年所倡导，现在，诚实守信不仅是处理人际关系的道德规范，而且成为世界各国普遍认同的国际交往准则，是人类社会普遍推崇的一种思想道德观念。而作为党的先进代表，更要以信守诺言为本，不论对上级、对下属、对工作、对事业，都要心怀诚意，做到言必践，行必果，说到做到；要表里如一，言行一致，严格自律，在任何场合、任何时候和任何情况下，都做一名光明磊落、诚实守信的好党员。

第七课

自制——调节情绪少压力，控制欲望莫攀比

几乎世界上的任何一种生命都是有欲望的，所不同的，只是在需求层次上有复杂与简单、原始与高级之分。可以这样说，一部人类史，就是欲望牵引着人类不断进化、不断发展的历史。然而，作为一名共产党员，特别是手握重权的党员干部，更要时刻清楚：欲望一半是天使，另一半却是恶魔，一旦失控，就会把人引向邪恶。

心态平和，人生快乐

心态是什么？心态就是人们看待问题时内心的状态。任何一件事，从不同的角度来看，会产生不一样的效果，或好或坏，但依然是那件事情，就好像水有固态、液态、气态之分一样，在不同的环境下，会变化成不同的状态，但本质并没有任何改变，依然是水。

一个人要想不被事情所羁绊，永远快乐，就要摆正态度，就要保持一颗坚强的内心，保持平和的心态。

平和的心态，是宠辱不惊，闲看庭前花开花落；平和的心态，也

是去留无意，漫随天外云卷云舒。

其实，你对人生的态度，就是试金石。你对人生的态度是什么？是想要找到一块无所不能的试金石呢，还是掌握一个受用终生的技能？是心浮气躁呢，还是平心静气？是好高骛远呢，还是脚踏实地？态度决定一个人的成功，而人们总是忽略它，就好像忽略那些静静躺在沙滩上的鹅卵石一样。当你在抱怨生活没有给你机会时，机会即使到了你手边，你也不一定能抓住。

当你具备一份平和的心态，即使你得到的永远没他人多，即使你的工作再无足轻重，你也会很快乐。

有一位油漆工去一户人家刷墙。一进门，就发现男主人是个盲人，却开朗乐观，脸上总是洋溢着满足的笑容。油漆工虽心生怜悯，但更多的是受到鼓舞。

就这样，油漆工快乐地在这户人家工作了三天，他们每天都愉快地聊天，却从不提及男主人的残疾。

工作的最后一天，油漆工把账单递给女主人。女主人一看，发现账单上的价钱被打了一个很大的折扣。“您怎么少收这么多钱？”她奇怪地问。

“跟你丈夫在一起，我很快乐。”油漆工答道，“他对人生的态度，让我觉得自己的境况其实也没那么糟。减去的那一部分钱，是我的谢礼，因为你丈夫的乐观，使我不会把工作看得太苦！”

女主人听完油漆工的这番话，泪流满面，不是因为自己可以少出一点钱，而是因为这位对自己丈夫推崇备至的慷慨油漆工也是一个残疾人，他只有一只手。

也许，你无法改变生活来符合自己的思想，但你可以改变态度去符合生活。一个人的态度，就好像一块磁铁，它有正面和负面，我们的思想会在这个态度的牵引下往一个方向前进，而这个前进方向，我们都希望是正面的、积极的。

近年来，在党员干部队伍中存在这样一种现象：个别人“三年不动就有失落感”，因为得不到提拔就“破罐子破摔”，想通过贪污腐化、消极情绪等方式来弥补内心的不平衡，这种“失衡心理”，以及由此导致的党员干部意志不坚、作风不正等问题比比皆是，必须引起高度重视。

韩桂芝，黑龙江哈尔滨人，中共党员。生于1943年2月，大学毕业后曾多年在大兴安岭林区工作。曾先后任中共黑龙江省委常委、组织部部长、黑龙江省委副书记、黑龙江省政协主席。在职期间利用职务之便，为马德等人在职务晋升、职务调整等方面谋取利益，先后多次非法收受上述人员给予的款物共计人民币702万余元。于2005年12月15日，被北京市第一中级人民法院以受贿罪判处死刑，缓期两年执行，剥夺政治权利终身，并处没收个人全部财产。

胡长清，湖南省常德人，出生于1948年8月，1968年3月参军，1969年入党，转业后调到北京，先后在中国保险公司、国家税务总局和国家宗教事务局工作。1995年8月调往江西，担任省长助理。1998年1月当选江西省副省长。自1995年5月至1999年8月，胡长清在担任国务院宗教事务局副局长、江西省人民政府省长助理、副省长期间，先后90次收受、索取江西奥特汽车租赁有限公司总裁周雪华（另案处理）、江西金阳光企业集团有限公司董事长李卫东（另案处理）等18人及江西省商业储运公司的钱物，折合人民币共计544万余元。其中人民币280万余元，美元8万元，港币94万元以及价值97万余元人民币的贵重物品。2000年3月7日，最高人民法院最后做出裁定，核准胡长清死刑，同时下达了执行胡长清死刑的命令。2000年3月8日，胡长清在南昌被执行死刑。

一个个实例无不向我们说明：一名党员干部特别是掌握着一定

权力的领导干部一旦失去了平常心，必然会被物欲所困，被名利所累，就会陷入极端个人主义的泥坑不能自拔，最终走上腐化堕落的邪路。

对于一名党员干部而言，保持平常心态，正确认识自我，正确对待组织和群众，正确处理进退与得失，人就不会浮躁、焦灼，就不会被欲望占满，更不会让灵魂搁浅。

保持平常心态，就拥有一种正确的处世原则和智慧，一份自我解脱、自我肯定的信心与勇气，不会高估自己，也不会自甘堕落。一个人生于世上，更多的时候，是在追求内心的平静与安宁。党员干部也一样，只有具备了平常心，才会突破名利的羁绊，不为之所累，更不被它所害，只有这样才能满怀激情、心无杂念地投身到为党、为人民服务的事业中去。才会对一切看得开，拿得起，放得下，清心寡欲，摒弃杂念，对拥有的一切心存感激，感恩图报，不为虚荣所诱，不为权势所惑，不为金钱所动，不为美色所迷，不为一切浮华沉沦，真正做到“宠辱不惊”，在淡定中保持快乐和微笑，在平凡简单的生活中感受幸福的恩惠。党员干部以平常心对待工作生活，就会在平凡琐碎的工作中体味人生真谛，实现自我价值，享受共产党人的幸福感，真正做到权为民所用，情为民所系，利为民所谋。

当前，个别党员干部不择手段谋求升迁之路，在工作中，想私利多，想人民少，大搞形象工程，劳民伤财；在执政中，不脚踏实地，只迎合上级，卑躬屈膝，玩弄权术。这是极其错误的执政之路，这不仅违背了共产党的理想信念，对于自己身心来说，时时绞尽脑汁，处处小心谨慎，有百害而无一利。

也许，你无法改变环境，但你可以改变自己的心境。

也许，你无法改变人生，但你可以改变自己的人生观。

我们的生活，并不是由外在的环境决定的，而是由我们自己面对人生、看待事物的态度决定的。做人也好做官也罢，应该时刻保持平和的心态，经常反思自己的言行，踏踏实实，真真切切，明明白白地过一生，才是最快乐的。作为一名党员干部，不满足、不落后，时刻追求上进，无可厚非，但必须选择一条正确的道路，要有淡泊明志的思想境界，保持一颗平静的心态，树立远大志向，在自己的岗位上履职尽责，即使前途一片渺茫，也活得自得其乐，健康长寿。要做一个一心耕耘不问收获的人，爱岗敬业，问心无愧，待秋季来到，成熟的果实自然使你满载而归。

战胜诱惑，严以律己

诱惑，《辞海》解释为：引诱，迷惑。人的一切思想、意愿等，最终都表现于行为。诱惑就是诱导别人离开自己的思维方式与行为准则，步入歧途。而一个人有什么样的行为，其决定权是操纵在别人手中吗？不是，是操纵在自己的手中。自己就是自己行为的控制者。当今世界，纷繁复杂，充斥着各种诱惑。几乎每个同志尤其是领导干部都会遇到形形色色、五花八门的诱惑：金钱美色，功名利禄，“小可一粟一毫，大可金银珠宝”，而且各种诱惑对人的考验可能是无处不在、每日每时的。那么正确的控制行为靠什么？靠的就是自律。

自律是什么？自律就是管理自我、治理自我、约束自我、控制自我。一个能够自律的人，能够使自身的一切举止都在自己的控制之下，能做到支配自己的行为，控制自己的行为。当我们能够控制自己的行为，就相当于我们控制并主宰了自己的命运，命运处于受控的状态。

在人生的竞技场上，我们要想胜出，就只能改变自己，使自己不断地向前，因为我们不可能也不可以阻止别人的进步！我们要把改变自己的主动权掌握在自己的手里，改变的途径也只有一个——自律。

自律精神，就是古人所说的“慎独”，在《礼记·中庸》中，“慎独”指的是一个人在没有别人在场和监督的时候，也能够严格要求自己，不做违背道德、纪律和法律的事。

刘少奇在《论共产党员的修养》中，借鉴“慎独”的道德观念，提出了共产党员“慎独”的修养要求，为我们加强党性和道德修养，指明了方向。他指出：“……即使在他个人独立工作、无人监督、有做各种坏事的可能的时候，他能够‘慎独’，不做任何坏事。他的工作经得起检查，绝不害怕别人去检查。”

“衡量一个人真正的品德，是看他在知道没有人发觉的时候做些什么。”法国著名的思想家孟德斯鸠曾经这样说过。也就是说真正的品德是能在为人忽略的地方，在没有监督的情况下，仍能自觉地不放松对自己的要求。

著名化妆师甄继先，是河北张家口的一位农民，后经自己努力，学了一手精湛的化妆技法，随之成名。

1994年，甄继先在山东潍坊参加了一个最新化妆造型技法培训班，这个培训班由当时一位很有名的台湾老师主讲。当时，一位顶尖的造型师一般一个小时也只能做一个造型，这样的造型速度势必会造成婚纱摄影行业拍摄成本的增加。但是，甄继先在一次课余的自由发挥表演中，一小时内竟做出近三十个造型，这样的结果让在场的名师和同学都惊讶不已。他的潜力也让当时在场的一位台湾人所发现，这位伯乐认定这名年轻的化妆师是一个可以塑造的人才，并决定对甄继先进行全面包装，把他打造成为东南亚最知名的化妆师。

知道这一消息的甄继先很高兴，但同时他又很矛盾，因为这个台湾人有两个条件：甄继先必须对外不能说自己是大陆人，更不能说自己是农民，只能说是中国台湾人；要说中国台湾普通话，5年不能回家。

面对诱惑，平时做事待人一向真诚、从不说谎的甄继先犹豫了，是选择违背良心，立刻出名，前途无限灿烂这条路，还是选择拒绝，失去一个绝好的机会这条路？

经过一天的思考，他最终回绝了对方。在他看来，违背自己的出身，放弃自己的语言，只为获取成功是不可取的。人，只要努力，就一定会成功。

令人没想到的是，甄继先的这一行为让他在行业内名声大噪，因为很多人从他这种诚实、宁可放弃让自己迅速成名的机会也不愿意隐瞒自己农民身份的做法，感受到了他高超技艺背后那高贵的品格！

多年后，凭着自己的努力和原则，他终于成功了，不仅获得了大家的认可，还荣获“中国化妆先生”的称号！

自律是一个人道德修养的崇高境界，是一个人非常难能可贵的品质，是一种坦荡，是一种修养，是一种情操。缅甸谚语说：“当你独处的时候，要考虑自己的毛病。”两千多年前，古希腊唯物主义哲学家德谟克利特就曾说过：“要留心，即使当你独自一人时，也不要说坏话或做坏事，而要学得在你自己面前比在别人面前更知耻。”

1963年8月1日凌晨，毛泽东为“南京路上好八连”写下了脍炙人口的《杂言诗·八连颂》。一个普通的连队，“身居闹市、一尘不染”，面对灯红酒绿的大上海诱惑保持艰苦奋斗精神，被誉为“霓虹灯下的哨兵”，为什么八连得到了这么高这么多的评价呢？

毛泽东曾把中国共产党进城比作“进京赶考”，而最复杂的“考场”要数上海，而上海最复杂的“考场”当属南京路。南京路是旧上海的一个缩影，素有“十里洋场”之称。这里酒绿灯红，歌柔舞艳，繁华喧闹中弥散着巨大的诱惑，暗藏着一个个陷阱。解放军开进上海后，国民党布下的反动残余四处扬言：上海是个大染缸，你共产党解放军红着进来，不出三个月，就要黑着出去。他们对共产党采取“腐蚀拉拢加破坏暗杀”策略进行最后的抵抗。而“南京路上好八连”原是一个极为普通的连队，进驻上海南京路执勤后，他们面临着严峻的考验，因为工作、生活环境发生了翻天覆地的变化。

在霓虹闪烁的南京路上，在繁华的闹市中央，“好八连”的战士们抵挡住了种种诱惑，始终保持了我党、我军的优良传统作风，始终坚持着理想和信念，以自己的一身正气，抵御了国民党特务在南京路上用金钱、美女设下的一道道香风臭气的陷阱；以自己的革命精神，荡涤着南京路上的尘埃污垢，在这个花花世界里耸立起一座“拒腐蚀，永不沾”的丰碑，“拒腐蚀，永不沾”是他们严于自律、防腐拒变的生动写照。

新形势下，领导干部面临的诱惑越来越多，社会上一些人利用金钱、美色等手段，拉拢腐蚀我们的领导干部。一些领导干部，抵挡不住金钱、美色的诱惑，失去了自己应有的原则，丢掉了艰苦奋斗的本色，追求享乐，迷失了人生方向，结果滋长了以权谋私的腐败作风，甚至走上了犯罪的道路。诸多失足落马的大小官员无非都是经不起眼前的诱惑，最后成为权钱色的俘虏。赖昌星的小红楼就是依靠金钱、美色的诱惑把许多领导干部拉下腐败的泥坑，而成克杰、胡长清、王怀忠、马向东等一些曾身为领导干部的人就是从追求金钱、享乐开始堕落为腐败分子，最后走向犯罪的。

今天，面对错综复杂的大千世界，“无欲则刚”这一警语可作为党员立身行事的指南，处理来自各方的种种诱惑。

那么，如何才能做到抵制诱惑、克己自律呢？

1.要约束、控制自己的欲望

人有欲望是正常的，但并不能因为正常就无止境地索取。时刻谨记：不义之财，断不可取。克服拜金主义和享乐主义，做到克服自己过大的欲望。

2.要有坚定的理想信念

"河北第一秘"李真，在剖析其犯罪根源时写道："我对党的理想、信念产生了动摇。认为与其一旦江山易手自己万物皆空，不如权力在握之时及早做经济准备，如有不测也万无一失。"像李真一样，近些年来，一些领导干部之所以走上违法犯罪的道路，一个根本原因就是他们丧失了理想信念。正是由于理想信念的倾覆，才使他们一步步走上了犯罪的道路。

3.要自觉遵守廉洁从政的各项规定

廉洁，是一个党员应该具备的基本素质。但是领导干部不是管好自己就万事大吉了，还要管好自己的配偶、子女和身边的工作人员，防止他们利用自己的职权和影响谋取非法利益。

每个人都可以为自己创造机会，创造机会并不是要刻意地去做什么，也不是歪门邪道、不择手段去窃取，而是体现在每件小事上，做好自己应该做的一切。具备良好的修养，诚实的品格，能够洁身自律，抵挡住诱惑，随时随地都在为我们塑造品牌形象，这等于为自己创造成功的机会。

对一位党员来说，要自觉做到自警、自重、自省、自励，在各种诱惑和考验面前把握住自己，万不可心存侥幸，自律是抵御欲望的第一道防护墙。在一生的职业生涯中，我们会受到各种各样的诱惑，面对诱惑时，有较强自律精神的人，不但不会失去独立的尊严与人格，更不会为这种诱惑而改变自己、迷失自己；而缺乏自律的人，他们面对诱惑时，恐怕贫穷得只剩下贪婪了，也必将在迈出第一步的时候，便迷失人生的方向。

上梁不正，下梁则歪

律人律己，从广义上讲，是按照一定的规章、制度、条例、法令、守则、纪律等规范他人和自己的言行，也是指按照一定的道德原则规范指导约束自己和他人。中国自古就讲律人律己。

律人律己是培养道德品质，形成良好的社会道德风尚的重要方式。律己是基础，律人是律己的发展。不律己，无以律人；要律人，必先律己。

“律己足以服人，量宽足以得人，身先足以率人”。严以律己，是一个人遵循一定标准、发挥主观能动性、加强思想锻炼及思想改造的过程，进而达到自我约束、自我调节的崇高思想境界。严以律己是成就事业的重要条件，是修身处世的一项基本要求。党员干部只有严以律己，恪尽职守，兢兢业业，才能树立威信，使周围的人心悦诚服。律己更是一种力量。古往今来，大凡干出了一番事业，在青史上留下不朽名字的杰出人物，大多是律己的模范。

毛泽东同志就是一位典范。土地革命时期，为密切军民关系，严肃军纪，他亲自制定了红军战士必须遵守的“三大纪律八项注意”。这些条例，不仅用来约束广大官兵，也用来约束自己。

1930年5月，毛泽东来寻乌搞调查，住在南外马蹄岗的一幢石头楼房里。

毛泽东同志一连几天都是白天外出访问、开调查会，夜里看材料、写文件，常常通宵达旦。但他的伙食却和战士们一样，上午清水煮青菜，下午青菜煮清水。警卫员看他瘦了许多，非常着急。很偶尔的一次，警卫连新兵吴吉清从炊事员那里听到，毛泽东爱吃辣椒，如果有辣椒，就能多吃些饭。

吴吉清心喜，一溜烟向附近的村庄跑去，进了村就开始挨家挨户地察看有没有辣椒。终于，功夫不负有心人，让他给找到了。在一家老乡的窗前，晒着几串红火火的辣椒。“我们首长爱吃辣椒，不知你的辣椒能不能给我一点?”吴吉清对那家主人开门见山地说。

房主人也很痛快，伸手就摘了一串给吴吉清。吴吉清高兴得跳了起来，提起辣椒，拔腿就跑回伙房，却忘记了向房主人说句客气话。

到伙房后，吴吉清赶忙帮着炊事员把那串辣椒给炒了，然后乐呵呵地端着饭菜和红辣椒给毛泽东送去了。此时的毛泽东正在聚精会神地整理调查记录。“小吴，怎么多出一碟辣椒，哪里来的喽？”一见端来的饭菜中多了一碟辣椒，毛泽东便问道。

“向群众要的。”吴吉清得意地回答说。

“要的？”毛泽东站起来，接着说，“参军后，连长给你讲‘三大纪律八项注意’了没有？”毛泽东背着手来回地走着。

吴吉清有点丈二和尚摸不着头脑了，回答说：“没有。”

“吴吉清同志，这件事不能怪你，主要是我们对新战士宣传党的政策不够，教育还跟不上。”看到这情景，毛泽东便和蔼地说，“一会儿告诉你们连长，叫司务长从我的伙食费里，把辣椒钱给老乡送去。还要给人家道歉。另外，再告诉连长，下午的政治课，由我来给你们上。”他继续说道。

一串辣椒本不是一件大事，可身为最高管理者的毛泽东却非常认真，严格遵守部队纪律，毛泽东这种不为自己谋任何私利，不搞任何特权，凡要求他人做到的，自己首先做到，严于律己、廉洁奉公的高尚品质，赢得了人民的无限尊敬和爱戴。

周恩来在个人修养方面也对自己要求十分严格，他很好地把中华民族传统美德和共产党人的品质要求结合在一起，是党员干部修养的楷模，蕴涵着高山仰止的魅力。周恩来投身革命运动后，地位显赫，但他没有因为这些就搞特殊，而是严于律己。二万五千里长征途中，他白天和指导员们一道行军，晚上别人休息了，他却要在油灯下起草作战命令、批阅文件等。他营养不良，加之休息时间很少，以致累得病倒了。后经治疗，虽然保住了性命，但要想继续长征，就必须坐上担架。没办法，周恩来勉强同意了。但当警卫员想尽各种办法好不容易给他买到一只鸡或几个鸡蛋时，他都要首先问个清楚，确定不是“拿”人家的以后才肯用，还总是坚持让出一些给老同志或重伤的病员们。

严以律己，宽以待人，这是处理好人际关系、从事好工作的有效途径，是加强修养、提高道德水平的阶梯。关于共产党员的思想品德修养方面，刘少奇同志曾有过一段语重心长的教诲：在党内团结上，襟怀坦白，光明磊落，平等待人，求大同存小异，反对拉拉扯扯，吹吹捧捧，结党营私，打击别人，抬高自己，拨弄是非，表里不一；在同志关系上，吃苦在前，享受在后，把困难留给自己，把荣誉让给别人，严以律己，宽以待人。他认为，为了维护党内团结的大局，可以“委曲求全”、宽容，受到“误解”、“冤枉”、“屈辱”也毫无怨言……

“欲胜人者必先自胜，欲论人者必先自论，欲知人者必先自知。”通俗点讲，就是凡是担任领导职务的人，都有双重责任——律人与律己。而落实好这份责任，核心是律人必先律己。这些精辟论断督促领导干部常怀律己之心、克己之心，清白为官、从政。“治人者必先自治，责人者必先自责，成人者必先自成。”党员干部自己能够以身作则，做好表率，下属就愿意跟随。

联想集团创始人柳传志，一个具有崇高威望的企业领导人。联想集团由最初一个只有20万元的企业发展为今天有上百亿元的大企业，成为中国电子工业的龙头老大，也有它的成功之道。联想集团有一个延续了十几年的规定，就是无论是谁，开会迟到了要罚站一分钟，联想集团每名员工都要执行，作为公司董事局主席的柳传志当然也不例外。可是制度刚制定完的第一次会议，柳传志的一位老上级就迟到了，这位老上级让柳传志很为难，因为他一直很尊重这位老领导。看着一生勤勤恳恳工作的老上级，看着员工们一双双瞪大的眼睛，柳传志特别矛盾。最后，他还是对老上级说："你现在在这儿站一分钟，今天晚上我到你家里给你站五分钟。但现在你必须罚站……"

联想集团一次召开高层领导人会议，不巧，柳传志乘坐的电梯半道上坏了，被困在了里面，他拼命敲门，叫人请假，可周围没人，等电梯修好的时候他已经迟到了几分钟。看到别的同志都按时到达会议室，柳传志没有解释什么，直接站在那里接受处罚。

正是柳传志的模范带头作用，使得集团内的其他领导者也都自觉地遵守着各种有益于集团发展的"天条"，也最终带来了联想集团事业的如日中天。

作为一名党员或党员干部，也应该像柳传志那样以身作则、律人先律己，唯有这样，才有可能取得群众的信赖和认可。

为什么处在同样的社会环境下，大多数领导干部能够做到两袖清风、一身正气，而有一些人却做不到？能不能常怀律己之心，就是问题的关键所在。

胡锦涛同志在一次讲话中，要求广大领导干部要"常修为政之德，常思贪欲之害，常怀律己之心"。这三者是一个有机整体，相辅相成，缺一不可。既是党性原则，也是修养方法。无论是修为政之德，还是思贪欲之害，最终都应当体现在认真、严格的"律己"上。

严以律己，贵在自觉，贵在经常，贵在全面。自觉，就是把律己作为加强党性修养的重要内容，融入自己的工作、生活、学习中，化为自觉的行动，而不是当作外在的负担。经常，就是把律己作为经常性的要求，不断对照检查，而不是当作一时的摆设和点缀。全面，就是把律己贯穿于做人、做事的各个方面，不管是工作还是生活，不管是思想还是作风，而不是“不拘小节”。

《人民日报》记者郑剑在《求是》杂志上著文说：在新的历史条件下，我们党要求各级领导干部“常怀律己之心”，具有鲜明的时代特征和很强的现实针对性。这是深入开展党风廉政建设和反腐败工作的需要。由于监督不到位、制度不健全等外在因素，领导干部自身忽视思想道德修养、缺乏严格自律等内在因素，近年来，尽管反腐败工作的力度不断加强，但仍有不少领导干部陷入深渊，给党和人民的事业造成极大危害。毫无疑问，那些在糖衣炮弹面前败下阵来的领导干部，往往是从律己不严开始的。因为外因只是变化的条件，内因才是变化的根据。只有常怀律己之心，才可能做到“拒腐蚀，永不沾”。

党员特别是党员干部一定要知道律人必先律己，严以律己，“己不正，焉能正人”“上梁不正下梁歪”的道理，正确处理好律人与律己、律上与律下、律内与律外的关系。领导者要做到“五先”：要求别人做到的自己先做到，要求别人遵守的自己先遵守，要求别人管好的自己先管好，要求别人提倡的自己先提倡，要求别人不干的自己先不干。

党员干部应做到常修为政之德，常怀律己之心，常思贪欲之害，常弃非分之想。在任何情况下，党员干部都要禁得住诱惑，经得起考验，稳得住心神，管得住身手，清清白白做官，认认真真做事，堂堂正正做人，真正做到对人公正，对己清正，对内严格，对外平等，做树立良好党风、政风的带头人，做廉洁自律的带头人，成为一个真正称职、受到拥戴的领导者。

清贫自在，浊富多忧

对于一名党员干部来说，理想和信念是精神支柱，是前进动力，更是立身之本。善恶之间，一念之差；从公仆到罪人，更是一步之遥。理想信念一旦出现偏差，就像大厦失去了支柱，大坝动摇了根基，必然会带来政治上的变质，道德上的堕落，生活上的腐化，就会让一个人步入歧途，走上犯罪的不归路。

所以，作为一名党员，特别是手握大权的党员干部，首先必须坚定正确的理想信念，从思想上牢固筑起拒腐防变的思想道德防线。在平时要自觉充实自己、改造自己、警醒自己。

通过不断学习，不断提高专业水平和业务能力，提高决策的科学性，切实承担艰巨而繁重的改革发展任务；要学习党纪政纪和国家法律，不断提高自我约束能力。树立正确的人生观和价值观，把个人的自由幸福寓于为大多数人谋利益的行为之中，把人生的自我价值与人生的社会价值科学地统一起来，把自己的利益同他人的利益统一起来，在不离开人民利益的前提下实现个人的自身价值，在实现个人社会价值的过程中来实现个人的自我价值；切记“人在做，天在看；天网恢恢，疏而不漏”。不要总以为自己做的事别人不知道；不要总以为自己做得高明，天衣无缝；不要总觉得哥们儿可信可靠，不会出卖自己。要想人不知，除非己莫为。

作为一名党员，一名干部，可以什么都不怕，可以不怕苦，可以不怕难，可以不怕险，可以不怕邪，但一定要怕党纪国法。面对纷繁复杂的现实社会，我们要时刻牢记共产党员的职责，想到从政的宗旨，想到党的纪律，想到自己是一名党员，是一个干部。这样就会经常反省和检点自己的行为和作风，就能用党纪国法约束自己，不偏离正确的轨道。这样才敢于喊响“向我看齐”的口号。

杜茂基，原任国家民委办公室副主任、机关服务中心主任兼民族大世界商场总经理，曾任国家民委机关基本建设管理中心主任。2001年6月至2006年12月，他在担任民族大世界商场总经理期间，单独或伙同他人利用职务便利，采取从租户缴纳的经营场地租金中截留、虚构业务费用、虚报临时工工资及水电费的手段，将公款占为己有，贪污公款2592万元，分得赃款2162万元。2003年，他收取某建筑公司100万元现金。2008年11月，杜茂基被河南省高院以贪污罪、受贿罪判处死刑，缓期两年执行，剥夺政治权利终身，没收个人全部财产。

李瑞林，曾任河南省交通厅总工程师，1998年，他收受河南某建筑公司经理3万元现金。2000年9月至2002年6月，李瑞林在担任新乡至郑州高速公路评标委员会委员时，为某建筑公司提供帮助，收受现金40万元。他随后用这笔钱注册了自己的咨询公司。案发时，检察院还发现其账户上有70万元巨额财产无法说明合法来源。2006年11月7日，他以受贿罪、巨额财产来源不明罪，被判处有期徒刑7年，并没收个人财产2万元。

徐兴恩，原任河南财经学院党委书记、院长、教授，原系国务院政府特殊津贴获得者，省委、省政府命名的优秀专家。2001年至2006年期间，先后5次收受某私营公司经理的现金共47万元。2007年10月25日，鹤壁市山城区人民法院以受贿罪判处徐兴恩有期徒刑6年。

王志勤，原任郑煤集团党委委员、副总经理，曾任郑州市人大代表。1996年到1999年，他共收受个体户30万元现金。2000年3月到2001年11月，不经领导班子研究，他以对外开展业务、工作需要花钱为由，直接安排有关部门负责人提高销售费用标准，分13次贪污公款

63万元。2007年8月26日，以贪污罪、受贿罪被判处有期徒刑13年。

邢守英，曾担任多年乡党委书记，因成绩突出，她被提拔为副县长。这让她的心态发生了变化，开始有了第一次的受贿，随后一发不可收拾。2008年1月，邢守英以贪污罪、受贿罪被判处有期徒刑3年。

他们原来都曾担任要职，也曾有过理想、有过追求、有过奋斗，也曾有过鲜花、有过掌声、有过辉煌，最终却一失足成千古恨，蜕变为腐败分子，走向党和人民的反面，确实让人痛惜。对他们来说，这是咎由自取，自食其果；对我们来讲，这也是一面明断得失的镜子。

我们可以算一下，这些人为贪污受贿几万、几十万元，就丢掉了固定的工作、固定的收入，丢掉了退休后的保障，完全是得不偿失。一旦东窗事发，就会被党和人民抛弃，落得身败名裂的下场。走上犯罪道路也使自己的配偶、父母、子女及亲属，在精神、名誉、道义上遭受重大损失。从这几笔账中可以看出，一个领导干部的腐败行为被查处，他的经济损失、政治损失、名誉损失要比在位时的正常所得多得多。

当然他们有今天，也在于一些不法之徒，投其所好，不惜采用金钱、美色等种种手段进行诱惑、腐蚀所致。可是如果你安于清贫、经得起诱惑，不给不法之徒可乘之机，还会有今天的下场吗？天下没有白吃的午餐，他们千方百计将干部拉下水，一定有不可告人的目的。我们的党员干部如果对此没有足够的认识，不注意防微杜渐，最终必将滑向违法犯罪的深渊。

权力是一把双刃剑。它一方面可以催人奋进，使你更好地为党和人民建功立业；另一方面它也可使一些人胡作非为，腐化变质。这关键取决于对权力的认识，不同的权力观必然导致不同的结果。领导干部一定要认识到权力越大，职位越高，越要树立正确的权力观。要有强烈的责任意识，明确“权力就是责任，权力越大责任越大”，只有用权为民，踏踏实实为人民办实事、做好事；自觉奉献、主动奉献、长期奉献，才能坚固自己清正廉洁之身。

而要真正做到这些，淡泊名利、洁身自好非常重要。领导干部一定要有正确的义利观，抵得住私欲，耐得住寂寞，在金钱和物质的诱惑面前，一定要保持一份清醒和一份宁静，“宁可清贫自在，不可浊富多忧”。

自重自省，自警自律

“各级干部都要自重、自省、自警、自励，讲党性、重品行、做表率，做到立身不忘做人之本，为政不移公仆之心，用权不谋一己之私，永葆共产党人政治本色。”这是胡锦涛总书记在庆祝建党90周年大会上的讲话，既是对各级领导干部提出的要求，也是对领导干部的殷切希望，更是对领导干部的真诚爱护，在当代中国有着十分强烈的现实意义。

国家能否健康发展，关键在党。党能否保持其先进性和纯洁性，关键在各级领导干部。作为一名党员干部，时刻要牢记，自己手中的权力是人民赋予的，它只能是用来为人民谋利益，要行使权力就必须对人民负责，并自觉接受人民监督，决不可把权力变成个人谋取私利的工具。

与过去相比，当今的中国，世情、国情、党情都发生了深刻变化，党面临着执政、改革开放、市场经济、外部环境等多方面的考验，而且这些考验也在日益突出。同时各级党员干部也面临着精神懈怠、能力不足、脱离群众、消极腐败等多种危险。

所以，我们每一个共产党员尤其是各级领导干部，要不断增强政治意识、大局意识和纪律观念，树立正确的世界观、人生观、价值观、权力观和利益观，始终保持高尚的精神追求和道德情操，老实做人，干净做事。还要加强个人修养、提升境界，从而不断增强是非面前的辨别能力，诱惑面前的自控能力，警示面前的醒悟能力。只有道德修养加强了，思想政治防线筑牢了，才能守得住清贫，耐得住寂寞，稳得住心神，经得住考验，遵纪守法，秉公用权。

现实中，很多党员干部注意小事、注重小节，做到了慎微。但是，确也有一些党员干部在权力、地位、金钱、美色、车子、房子等诱惑下，耐不住寂寞，经不起考验，头脑发昏，意志薄弱，立场不稳，底线丧失，最终有的人“城洞大开”走向了犯罪。究其原因，很多就源于不能做到慎微，从对小利的追逐，到对自己小错的原宥，终使“千里之堤，溃于蚁穴”。这样一步步地渐变，最终导致可怕的质变。

大诗人白居易离任杭州刺史返乡时，为自己做的一件“小”事倍感羞愧，自责写道：“三年为刺史，饮冰复食檗。唯向天竺山，取得两片石。此抵有千金，无乃伤清白。”就为这区区的“两片石”，白居易却觉得伤了自己的“清白”。他认为：“一日一钱，千日千钱，绳锯木断，水滴石穿。”这种自责、自检、自省，体现的是一种自我修正的精神，体现的是一种慎微的自律态度，为后人在正确对待小事小节问题上保持“慎微”做出了榜样。

封建社会的官吏尚能做到，代表中国社会先进分子的共产党员在小事、小节上更应以“慎微”的律己态度面对人生，筑牢思想防线，明辨是非、美丑、善恶、真假、荣辱，抵御各种消极颓废思想观念的侵蚀和诱惑，踏实做事，清白做人。

一个人在大庭广众之下，在党组织和群众监督之下，言行检点，遵纪守法，相对容易；一个人在“独立工作、无人监督、有做坏事的机会的时候”，独善其身，比较困难。做到了后者，就是“慎独”。

“君子慎其独”是中华民族的传统美德，同时也是检验党性的试金石。有的党员人前恪尽职守，说话“滴水不漏”，办事循规蹈矩；人后却心浮气躁，生活上作风不检，甚至以权谋私，贪污受贿，做出触犯党纪国法的事。之所以人前人后两个样，就是因为“独”是一种失去监督的特殊环境，让人以为“无人知晓”而心存侥幸。“灰尘”往往就在那些隐蔽之处、细微之中、人所不知之地。

一个人做坏事甚至走上犯罪道路，如同身体生病一样，不外乎自身免疫力下降、外界病原侵袭两个原因。之所以强调加强党员的“慎独”修养，就是为了使“正气存内”，抵抗外界的歪风邪气。所以，“慎独”更是一剂拒腐防变的良药。

如何才能做到慎独呢？唯有时刻自重、自省、自警、自律。

自重，即爱护自己的人格，珍视共产党员的身份。独身自处时，在心中捅破“无人知道”这层窗户纸，自觉地把自己的一言一行与党的声誉、形象联系在一起。从小事着眼，从细节做起，表里如一，浩然坦荡。

自省，就是自我评价，自我反省，自我批评，自我调控和自我教育。共产党员要对照党章和《中国共产党党员领导干部廉洁从政若干准则》的要求，常修从政之德，常怀律己之心，常思贪欲之害，常弃非分之想，经常反思自身言行和思想，有则改之，无则加勉。

自警，就是自己警示自己，自我戒备，自我告诫，自我警觉，自敲警钟。作为共产党员，有两个名字，一个是自己的姓名，一个是共同的名字——共产党员。每一名共产党员都要“经常呼唤自己的名字”，越是在顺利的时候，越是在感觉良好的时候，越是要冷静，越是要注意防范各种风险，越是要知道自己“姓甚名谁”，决不能得意忘形、忘乎所以。

自律，就是自己约束自己，以事业心、使命感、社会责任感、人生理想和价值观作为基础来进行自我管理。这就要求我们每一名共产党员都要不断增强辨别能力、自控能力和醒悟能力，在日常工作中，管住自己的手，不乱拿，拿人家的手短；管住自己的嘴，不乱吃，吃人家的嘴短；管住自己的腿，不乱跑，不到不该去的地方；管住自己的脑，不乱想，不让名利之心抬头。做到一尘不染、无欲则刚、一身正气。

而一名共产党员，常怀律己之心，常思贪欲之害，常戒非分之想，懂得敬畏历史、敬畏百姓、敬畏人生，珍重自己的人格，珍爱自己的声誉，珍惜自己的形象，为党和人民的事业鞠躬尽瘁，才能成为一名合格的共产党员、优秀的共产党员、好的共产党员；才能不负人民的期望和托付，永葆共产党人的政治本色，带领群众推动各项事业全面发展。

控制欲望，正确攀比

攀比心理是人的共性，有时也未必是什么坏事。比如说，学生时代，看到比自己成绩好的同学，就暗暗发誓，自己一定要努力，做全班最优秀的学生。于是，你努力了，冲刺了，成功了！工作中，看到别人的业绩好，就暗中给自己施加压力，一定要鹤立鸡群、傲视群雄。于是，你奋斗了，拼搏了，成功了。从这点而言，攀比心理构成了社会乃至人类前进的动力。后人想超越前人，有志之士想追赶、跨越身旁卓越之人。于是，社会不断产生推动其进步与发展的力量，使社会逐步向更高一级前进。

马峪村出了名爱“攀比”，支部书记包西军，看到其他党员找到了带领大伙共同致富的好项目，怕自己落后了，经过多方考察论证，他发现莱芜黑猪繁殖能力强，比传统的养猪利润高几倍，技术简单，适合圈养，便勇敢地做了第一个吃螃蟹的人。该村有位拥有近四十年党龄的老党员郑孝成也不甘落后，自学种植药材，科学养羊，带出了三十几个药材大王，十几个养羊“状元”。不但党员之间相互“攀比”，群众也爱“攀比”。有了好项目争着学，跟着上。有的村民不但养波尔山羊，还种药、养猪，每年可比过去多收入一万多。村民们紧跟在党员后面，种葡萄，建大棚，栽樱桃，家家不甘落后，年收入过双万再也不是梦。党员找不出带头致富的好项目是件丢人的事，都摽着劲上项目。

然而，现在的社会中，还有这样一些人，他们的攀比心理，不是比工作，比成绩，比干劲，而是比谁会打扮，谁更会海喝，更会享受，这样的攀比心理只会使自己陷入莫名的痛苦与忧愁之中。其实我们身边也不乏这样的人。他们住着小房子，感觉太小，得住大的；有了大房子，还不够，觉得自己应该住别墅；有了汽车，感觉应该拥有豪车；有了豪车，觉得应该出国，去享受一下……总之，欲望没有满足的时候，总是为物质所累，每天生活在苦恼之中，好像没有快乐的时候。然而，有一些人就很看得开，房子虽小，总算有地方住，吃的穿的不一定多么好，总算是衣食无忧。有爱自己的老公，有可爱的儿女……作为普通人，不论攀比心理是否正确，影响的只是个人。而如果是一名党员，特别是手握重权的党员干部，不正确的攀比危害可就大了。

如果在工作上、事业上竞争，带领人民群众在改革开放、发展社会主义市场经济中劈波斩浪，奋勇前进，争创一流，当然值得学习。比如，登封市公安局在2001年任长霞担任局长之前，在全市30多个局委行风评议中，连年倒数第一。任长霞上任后，行风快速走向前列。如果攀比心理用在生活上、待遇上、职务上那可就危险了。因为这样的攀比最容易出贪欲、出腐败。有的干部在廉洁上出问题，在很大程度上就是这类盲目攀比并蜕变的结果。有的人受资产阶级生活方式的影响，在占有和享受上与西方的物质生活攀比，导致个人主义恶性膨胀；有的看到社会上一些人用不正当的手段暴富，认为自己的能力并不比他们差，于是就不择手段地敛财捞钱，“堤内损失堤外补”；还有的人觉得别人能捞，自己不捞实在吃亏，便不失时机地捞取好处。这些人正是由于在物质与享受上盲目攀比，抱着不捞白不捞的错误思想，因而在钱、色欲望的驱使下，以身试法，最终成为钱、色的俘虏，这方面的事例应该是屡见不鲜的。

另外，攀比容易使人产生贪占心理。是人都有七情六欲，共产党人也不例外。在改革开放和发展市场经济的大环境中，为什么大多数党员干部能经得起考验，做到廉洁奉公、两袖清风，而少数人却走上了贪污受贿、违法犯罪的道路？是攀比所产生的贪占心理。大量事实证明，几乎所有的腐败分子都有严重的攀比心理，从而导致心态失衡，进而产生贪占心理。当金钱和物质摆在他们面前的时候，或当方便条件具备了的时候，这些人的贪欲就会占上风，就会见钱眼开，见利忘义，贪得无厌，甚至巧取豪夺。

余振东，广东开平人，大学学历，中共党员。1982年，余振东正式进入中国银行开平支行，先后任信贷部副部长和部长，后来升为副行长、行长。1993年至2000年间，共贪污、挪用公款2亿多美元。他作案后潜逃，经香港、加拿大，最后到达美国。2001年11月，公安部通过国际刑警组织发出红色通缉令。2002年12月，余振东在洛杉矶被美方执法人员拘押。2004年2月，余振东在美国拉斯维加斯联邦法院受审，因非法入境、非法移民及洗钱三项罪名被判处144个月监禁。2004年4月16日，美方将余振东驱逐出境并押送至中国。

张宗海，1950年3月生，重庆江津人，市委党校研究生，高级经济师、高级政工师。1975年5月加入中国共产党。2002年5月由黔江区委书记升任为重庆市委常委兼宣传部长。1997年至2002年，其利用担任重庆市黔江地委书记、黔江区区委书记的职务便利，接受重庆市缙云水泥厂法定代表人雷某的请托，为其谋取利益，并收受雷某人民币300万元。张宗海将该款用于投资房地产，获取非法收益人民币122.9万元。张宗海被判处有期徒刑15年。

李水明，广西桂北全州县人，中共党员。1989年李水明大学毕业，进入玉林柴油机总厂工作，因文笔出众，不久即被调到玉林地区行署办公室当上了副科长。因为他才华横溢，领导能力也强，很快就被组织上当成了重点培养对象——29岁被提拔为副处级干部，任玉林市委办公室副主任；30岁升任主任；32岁任北流市市委副书记、代市长；34岁，他坐上了北流市市长之位，是广西历史上最年轻的市长。“有权不用，过期作废”的他在担任市长期间，利用职务之便先后收受李春来、何泉、李向东等17人钱财共计人民币90.1万元、美金1.9万元，另有人民币184.8万多元、港币9.2万多元、美金700元不能说明其合法来源。2003年12月24日，李水明被广西贵港市中级法院判处有期徒刑10年，并处没收个人财产人民币5万元。

这些人，把“有权不用，过期作废”当作为官的信条，把能“出人头地”、“光宗耀祖”作为追求人生价值的目标，把父母的教诲当成耳旁风，把党纪国法束之高阁。归根结底是欲望在作祟。

一直以来，人们对“欲望”一词都存在着狭隘的理解，往往只看到它不好的一面，甚至会对其想入非非。其实，这是不应该的，因为我们每个人的追求、梦想和目标等等这些，都可以归为欲望的范畴。所以说，生活在现实中的所有人都有欲望，共产党员也不例外，但欲望本身的确有正邪清浊之分。一个人的欲望一旦超越法律，便成了邪欲恶念。古语说得好：“贪如火，不遏则自焚；欲如水，不遏则自溺。”而最能勾起贪欲的就是不正常的攀比之心。

对于共产党员来说，贪欲之害，一是害党，破坏党的形象，降低党的威信；二是害国，破坏正常的政治经济秩序，影响政府职能作用发挥；三是害民，为一己私利，与民争利，变着法子伤民、坑民、扰民、欺民；四是毁己，一旦东窗事发，不仅自己身败名裂，还会连累家人脸上无光。

所以，每个共产党员都应该学会控制欲望，不贪吃喝，不贪钱财，不贪享乐，不贪名利地位，使自己的思想和行动符合党纪国法的要求，始终保持工人阶级先锋战士的本色，堂堂正正做人，清清白白为官。

第八课

自信——自我激励赢人生，自暴自弃毁前程

自信就是在自我评价上的积极态度，它本身就是一种积极性，是个人对自己所做各种准备的感性评估。相信自己行，是一种信念，是走向成功的第一要素。如果没有真正建立起自信心，那么成功永远与你无缘。作为一名党员，如果没有自信心，就不能以最佳心态开展工作、履行职责；就不能以饱满热情开创事业、完成使命。

面对责任，我能承担

责任是人的天性，是承应承之使命，履应履之天职，尽应尽之义务，也就是分内应做的事情。责任无处不在，父母养儿育女，儿女孝敬父母，医生救死扶伤，司机安全行车，老师教书育人，学生尊师好学，公务员执法为民，工人守岗敬业，军人保家卫国……，责任存在于社会的每一个岗位。人在社会中生存和发展，就必然要对自己、对家庭、对集体、对祖国承担并履行一定的责任。责任只有轻重之分，而无存废之别。

责任是一种权利，但它往往伴随着对他人的责任，享受一定的权利，必须尽到相应的责任，而尽到一定的责任，才能享有相应的权利。无责任感的人，私字当头，利令智昏，无德无行，难以信任；有责任感的人，严于律己，忠于操守，受人尊敬，招人喜爱，让人放心。所以，无论是师德、官德、商德、医德、艺德，社会公德、家庭美德还是职业道德，都以责任为基础、为前提。有理想、有道德、有文化、有纪律，无不与责任相联结，都通过履行责任来体现、来升华。一个人只有在全面履行责任中，才能实现个性的丰富和完美；一名党员干部只有在全面履行责任中，才能使自己的潜在能力得到充分的挖掘和发挥。因为责任出勇气，出力量，出智慧；因为有勇气，有力量，有智慧，才能成就事业。一个人没有责任心，再安全的岗位也会出现险情；有了责任心，再危险的工作也能降低风险。一名党员干部没有责任心，很小的问题也可能酿成大祸；有了责任心，再大的困难也可以克服。

对于一名党员干部而言，敢于负责是其为官执政的天职。心中装着神圣的职责，心中装着老百姓，才是一名称职的党员干部。党的好干部牛玉儒以勤政为民、忘我工作诠释了“生命1分钟，敬业60秒”。乡邮员王顺友20年如一日在大凉山中用脚步丈量工作的苦乐。桥吊工人许振超在普通岗位上创出世界一流的“振超效率”。千千万万的解放军、武警战士不顾个人安危，奋战在四川省地震灾区第一线。导弹司令杨业功用赤胆忠心浇铸共和国的和平之盾。公安卫士任长霞以炽热情怀书写执法为民的人生壮歌……兴一方经济，富一方百姓，保一方平安，始终是他们神圣的职责，他们什么时候都感到肩上的担子沉甸甸，对自己的工作从不懈怠从不满足，什么时候都是兢兢业业，勤勤恳恳，尽职尽责。他们一年到头总觉得手头有忙不完的活，心中有放不下的事，身上有使不完的劲。从他们身上，人们无不感受到一种品格、一种境界，这就是对国家、对人民、对事业的无限忠诚和应承担的责任。反之，那些兴奋点不在工作上，精力多在吃喝玩乐上，奉行做官享受，求得轻松、潇洒的那些责任心不强的领导干部，他们总是感觉不到压力的存在。对他们来说，经济发展与否，发展快慢跟他们无关。

身为党员，身为领导干部，一定要负责。如果说，军人是以服从命令为天职，那么领导干部的“天职”就是负责，因为领导的含义就是责任。作为领导干部必须强化责任意识，要有对所在单位、直至一个县、市负责，对一个地方的未来负责、对人民的福祉负责、对党的事业负责的意识。

而对待工作要有干不上去就夜不能寐、食不甘味的态度，才能千方百计干好、干快、干上去，才有干不好工作就是对不起岗位、对不起组织的愧疚感，才能切实关心群众疾苦，真心实意、真心关爱群众，解决群众困难。对待工作要树立起我能、我可以的信心。要敢于承担责任，遇到风险勇于靠前，遇困难不上推下卸，出了问题敢于承担责任。总之，就是要善于负责。把工作当作学问去研究，努力学习各方面知识，成为工作的行家里手，通过掌握科学的工作方法来推进工作。

有责任心，敢于负责，这是对每个人的基本要求，也是干好任何事业与办好任何事情的基础和前提；为人民服务，对人民负责，这是每个党员应尽的义务，更是各级党员干部必须牢记的宗旨和需要切实践行的天职。责任能够让一个人具有最佳精神状态，正如一位伟人所说：“人生所有的履历都必须排在勇于负责的精神之后。”

所以，不管是干部，还是普通党员，都要树立责任意识，都应该肩负起责任。唯有大家都切实负起责任，全面建设小康社会，开创中国特色社会主义事业新局面，才有希望，社会主义现代化才能取得成功。重任责无旁贷，责任重于泰山，对人民负责，对民族负责，对国家负责，为着人民的幸福生活和美好未来，虽九死而犹未悔，历经磨难而不衰，千锤百炼更坚强，这才是高尚的人，纯粹的人，脱离了低级趣味的人，有益于人民的人。

作为一名党员干部要做敢于负责的榜样，这是一种干事创业的心态，不怕困难，不回避矛盾，敢于碰硬，敢担重任，具有强烈的事业心责任感。一个敢于负责的人敢于为人先，一个敢于负责的人不当“太平官”。那么如何做到敢于负责呢？首先，要牢固树立敢为人先的意识，该抓的抓，该管的管，坚决杜绝耽误工作、错失发展良机的事情出现。其次，要破除因循守旧、故步自封的思想，从“守”的观念、“稳”的思想、“怕”的心理中解放出来。

随着社会的发展，城镇建设步伐的不断加快，很多工作面临的许多新情况新问题，都需要在实践中探索，在探索中求突破。这些工作要带头抓、带头干，善于用发展的观点和创新的思维，分析形势，把握全局，遇到急难险重任务，要亲临一线，靠前指挥，用改革的办法，市场的手段，妥善解决问题，绝不能消极观望，逃避责任，要把“无功便是过，平庸就是错”作为工作的座右铭。

然而，一些党员干部奉行“多种花，少栽刺”的理念，不敢管人，喜欢当“老好人”，这是一种得不偿失的做法。因为领导干部负有抓班子、带队伍的责任。如果这样，在上级看来，这样的党员干部工作失职，没有责任心，不值得重用；在下级看来，这种领导怕承担责任，畏首畏尾，不敢管事，不值得尊敬。与其这样，倒不如认真履行岗位职责，对工作中拨弄是非、以权谋私、影响大局、破坏团结的责任人，敢于问责，大胆管理，严肃处理。这才是一位刚正不阿、无私无畏的领导该有的作风。

作为一名党员，特别是一名党员干部，代表着一个单位、一个区域的整体形象，直接影响着干部群众的价值取向。只有敢于负责，才能赢得广大群众和社会各界的好评；只有敢于负责，才会带动更多的人，才会带出敢于负责的队伍。

有个笑话这样说：江苏泰兴县发生蝗灾，泰兴县官为了推卸责任，呈报上级的公文这样写："本县过去从来没有蝗灾，蝗虫是从邻县如皋飞来的。"并请如皋县官下令捕捉蝗虫。如皋县县令回道："蝗虫本是天灾，并非县官无才。既从我县飞去，还请贵县押来。"

这虽是个笑话，但却讽刺了古代封建官僚体系，也是对今天的为官者的警示。在中国共产党的领导下，广大党员干部都是敢想、敢干、敢于负责的，但也存在极个别例外的，特别是在需要为承担责任付出代价、面对尖锐的矛盾的情况下，他们不是想办法化解矛盾解决问题、平息事端、挽救损失，而是把责任往下级推、往企业推、往老百姓头上推，或者想方设法规避风险、回避责任，总而言之就是自己没有责任，即使有也是既不影响升迁，也不影响发财的细微的责任。

敢于负责体现在顾全大局，破除"本位主义"狭隘思想上，体现在勇于履行职责，破除"畏首畏尾"的胆怯思想上，体现在迎难而上，破除"关键时刻掉链子"的不良陋习上，体现在勇于承担过错，破除"争功诿过"的不良风气上。而要做到这些，首先要不断学习，充实自我承担责任的能力。有了承担责任的能力，才能产生承担责任的自信；有了承担责任的自信，才能勇于承担责任；勇于承担责任，才能促进自己的成长和社会的健康发展！

面对困难，我能担当

有人做过这样一个试验：

有一家企业招业务主管，有十个应聘者，公司经理要求他们配合做一个游戏：

首先，公司经理让这十个应聘者，在他的引导下穿过一间很黑暗的房子。结果这十个人都成功地穿了过去。

然后，公司经理打开房内的一盏灯，灯光虽然有些昏黄，但却能看清房内的一切。这间房子的地面是一个大水池，水池里有十几条大鳄鱼，水池上方搭着一座窄窄的小木桥，刚才他们就是从小木桥上走过去的。应聘者看后无不惊出了一身冷汗。

公司经理问十个应聘者："现在，你们当中还有谁愿意再次穿过这间房子？"

过了很久，才有三个胆大的站出来。于是公司经理让这三个应聘者过桥。结果，三个人中只有一个走了过去，但速度明显要比第一次慢得多；一个踏上小木桥就开始发抖，走到一半时，竟然趴在小桥上爬了过去；第三个刚走几步就一下子趴下了，再也不敢向前移动半步。

之后，公司经理又打开房内的另外九盏灯，房里顿时亮如白昼。这时，应聘者都看见小木桥下方装有一张安全网，只是由于网线颜色极浅，刚才那种亮度根本看不见。

"现在，谁愿意通过这座小木桥呢？"公司经理问剩下的七个应聘者。

这次有五个人站了出来，表示愿意过去。

"你们为什么不愿意呢？"公司经理问剩下的两个人。

"这张安全网牢固吗？"这两个人异口同声地反问。

游戏结束后，公司经理直接宣布最后两人落选。原因是这两人缺乏自信。

这故事的真假无从考究，也无需考究，因为无论真假它都足以说明一个问题，说明了面对困难自信的重要性。

1935年5月，北上抗日的红军向天险大渡河挺进。大渡河水流湍急，两岸都是高山峻岭，唯一的通道就是几根铁索组成的泸定桥。

然而，国民党反动派为了阻拦红军北上，在泸定桥的对岸派了两个团，如果不在29日早晨夺下泸定桥，敌人两个旅的援军就会赶到。红四团28日早上接到命令时离泸定桥还有240里。只有20多个小时，不抢在敌人援军到达之前夺下泸定桥，后果不堪设想。

红四团翻山越岭，沿路击溃了好几股阻击的敌人，到晚上7点钟，离泸定桥还有110里。战士们一整天没顾得上吃饭，而此时天又下起雨来。可是战胜敌人的决心使战士们忘记了饥饿和疲劳。他们在漆黑的夜里，冒着雨、踩着泥水继续前进。

这时，对岸出现了无数火把，大家都明白，那是敌人的增援部队。没有什么秘密可言，红四团的战士索性也点起火把，照亮了道路跟对岸的敌人赛跑。

雨越下越猛，像瓢泼一样，把两岸的火把都浇灭了。对岸的敌人不能再走，只好停下来宿营。红四团仍旧摸黑冒雨前进，终于在29日清晨赶到了泸定桥，把增援的两个旅的敌人抛在了后面。

泸定桥离水面有好几丈高，由13根铁链组成：左右两边各有两根，算是桥栏；底下并排9根，铺上木板，就是桥面。人走在桥上就像荡秋千似的。现在连木板也被敌人抽掉了，只剩下铁链。桥下红褐色的河水像瀑布一样，从上游的山峡里直泻下来，撞击在岩石上，溅起一丈多高的浪花，看了叫人心惊胆寒。

此时守城的两个团的敌人早已在对岸筑好工事，疯狂地向红军喊叫示威："来吧，看你们飞过来吧！"

总攻开始，团长和政委亲自站在桥头上指挥。号手们吹起冲锋号，所有武器一齐开火。二连担任突击队，22位英雄拿着短枪，背着马刀，带着手榴弹，冒着敌人密集的枪弹，攀着铁链向对岸冲去。跟在他们后面的是三连，战士们除了武器，每人带一块木板，一边前进一边铺桥。

突击队刚刚冲到对岸，敌人就放起火来，桥头立刻被大火包围了。此时的英雄们只有一个念头，那就是夺下泸定桥。他们奋不顾身，箭一般地穿过熊熊大火，冲进城去。

两个小时后战斗结束了，守城的敌人被消灭了大半，其余的都狼狈地逃跑了。

这是我们非常熟悉的《红军飞夺泸定桥》的故事。面对如此困境而获得成功，除了勇敢之外，还有勇气，而这里的勇气就是一种自信，一种面对困难，我能承担的自信。

2008年5月12日，四川省汶川县发生了大地震，牵动了全国上下无数人的心。大量的人、车、物被源源不断地送进了这个重灾区。

重庆市第三军医大学大坪医院的一个救灾医疗队就在其中。当时，他们接了一位在余震中受伤的中国国际救援队队员，需要立即实施手术。然而因为伤员多，手术台缺乏，手术无法进行。黄显凯医生很是着急，因为对于伤员来说，多拖延一分钟，就意味着多几分危险。他马上找到德阳人民医院的领导，要求到医院12楼的手术室里为这名救援队队员进行治疗。然而他的提议立即遭到了反对，因为当时余震不断，毕竟那是12楼，万一发生意外，连逃生的可能性都没有，这时上去十分危险。但黄显凯执意坚持，因为在他看来，作为医生，救死扶伤是自己的天职，这种情况下，伤员就是最重要的，最后领导同意了他的请求。

如果我们每个人在自己的工作中，都能有关键时刻不后退的勇气，那么，我们一定不会给自己找任何借口和理由来解释无法解决问题的原因。

优秀的人不仅仅关键时刻不会退缩，遇到危险，还总会带头在先，第一个去做。

好不容易，手术室争取来了，可是谁去主刀呢？毕竟余震不断，万一手术进行时发生抖动怎么办？“我是党员，我主刀!”黄显凯再一次毫不犹豫地喊出了内心的独白。就这样，黄显凯带着一个手术小组，冒着余震的危险，成功地做完了手术。

从优秀党员黄显凯的身上，我们可以学到这样几点：作为党员，别人后退时，我上前！放下个人利益，顾全群众利益！越是危险时刻，越要发挥先锋模范的带头作用！然而，还有一点很重要，自信！面对困难，我能担当的自信。

作为一名共产党员，就应当毫不动摇地相信党、相信自己。无论在逆水行舟之境，还是在平步青云之时，都要敢于承认和相信自己是一名共产党员，切实树立起牢固的党员意识，在任何时候都要有责任意识，要敢于担当。而不应当以环境的变化来决定和选择自己的信仰，这是与党和人民的要求不相适应的，是缺乏坚定性和先进性的。

面对自我，我能战胜

优秀的共产党员，在任何时候都勇于战胜自我，带头争创一流的业绩。那么，怎样才能创造一流的业绩呢？

固然，要想有业绩，就必须克服外在的种种困难和问题，但我认为，最重要的，依然是跨越内心阻碍自己前进的一座座“险峰”。内心的“险峰”，不是说我们的心里有高山险峰，而是说内心所有一切阻碍我们前进的烦、难、讨厌、焦虑、害怕、不想做、做不了等消极情绪。

其实，类似种种的消极情绪我们经常在工作中表现出来，甚至每天每时都会和它们狭路相逢。例如很多人每天一睁开眼睛，因为又要去面对不如意的事、讨厌的人、棘手的问题，首先就要和“不想去上班”的念头斗争一番；面对工作中出现的问题，又要和“我解决不了”的想法搏斗几个回合。本来可以做的事不想做，能够做得更好的也不再愿意争取和努力。绝大多数业绩，就是这样被这些消极情绪消耗殆尽。所以，要想这些业绩不被消耗，要想创造更“高峰”的业绩，我们一定要征服内心种种负面情绪的“险峰”。

那么，怎样才能战胜这些内心的“险峰”，战胜自我，超越自我，去攀登业绩的“高峰”呢？或许我们可以通过三方面的战斗获取最后的胜利。

首先，要改“可以了”为“还不够”，战胜“自足”心理。

“自足”心理，就是认为自己所做的成绩已经达到目标，不需要再努力了的一种心理状态，而“可以了”正是这种心理状态在工作中的一种表现。

不论是一个人还是一个团队，这种心态一旦产生，就立即会停止前进的脚步，业绩要么原地踏步，要么就急速倒退。

而优秀的党员，如果能够经常对自己说“还不够”，并不断努力，就能够一次又一次创造一流业绩，甚至是他人难以想象的辉煌。

联想控股董事长柳传志先生，曾说他1984年最大的理想，就是创办一家年销售额为200万元的“大公司”。虽然，今天看来，这样的理想有点可笑，但对当时那个刚由中科院投资20万元创办的联想公司来说，却是一个很了不起、很遥远的目标。但最终，联想公司经历了无数的风雨和挑战，柳传志和他所带领的团队克服了数不尽的困难，终于实现了目标，使联想成为中国最具影响力的电脑集团。

理想实现了，是不是应该歇口气，安享人生了？毕竟能取得这样的成绩，已经是非常不容易，也完全可以了！但出乎所有人意料的是，柳传志向他的团队下达了第二个征服任务：向国际进军。2005年5月1日，联想成功收购世界知名企业IBM全球PC业务，在他们的努力下，合并后的新联想，以130亿美元的年销售额一跃成为全球最大的PC制造商之一。

是什么样的动力，能使这样一个人和他领导的企业，不断地创造着一个又一个奇迹？毫无疑问，是因为他从来不会对自己所取得的成绩说“可以了”，而是时刻警示自己“还不够”。

1998年，柳传志在联想誓师大会上这样讲道：

“美国一个著名的杂志在夸我们的时候，说联想怎么怎么了不起，后面又说了一句：当然，这在美国公司看来是微不足道的。确实这还是伤了我们中国人的自尊心。外国人认为中国人是聪明的，但即便是把海峡两岸，香港、澳门地区的中国人合起来，还是没法和外国人比。我们联想集团是血性男儿，一定要做出个样子给他们外国人看。我们这样做不仅是为了联想，为了中科院，也是为了国家，为了民族。”

这就是中共十六大代表，九届、十届全国人大代表，一个著名的企业家，率领他的团队向国际舞台进军时发出的庄严宣言。无论是柳传志的业绩，还是他的决心，都告诉我们：无论是一个人还是一个单位，只有不断向“可以了”的心态挑战，不断战胜自己，才可能创造一流的、超凡的业绩。因为，“可以了”是一种不求进取的心态，而“还不够”是一种不断超越的心态。如果以“可以了”的心态去对待取得的成绩和业绩，这些成绩和业绩只能成为继续进步的绊脚石，如果以“还不够”的心态去对待，那么这些就将成为取得更大业绩的“垫脚石”！作为一个党员，假如能将自己的使命与国家、民族的命运结合起来，就会以“还不够”来经常鞭策自己前行，也就找到了不断超越的更大动力！

其次，要改“到顶了”为“能更好”，克服自满心理。

自满心理，是指自认为所做的事情，已经到达了不能再好的极限，不可能更好了的一种心理状况，而“到顶了”，正是它的一种外在表现形式。

“工作做到我这个份上，非常不错了”、“事情做成这样，已经很好了”、“能达到我这样的水平，不可能再突破了”……尽管很多人不承认，但在工作中，像这样“到顶了”的心态随处可见。

“到顶了”的心态一旦出现，紧随而来的只有两种情况：我就觉得自己是最好的，你怎么要求、怎么说都没用，反正我不用再努力了；我已经做得不错了，已经是老资格了，不可能有人超越我，我也不用再去超越自己了。不努力、不超越，不仅会使原来取得的业绩难以维持，还会成为再创辉煌的障碍。所以，“到顶了”的情绪我们一定要克服，凡事多想怎么做才能“更好”。

“吉林省优秀共产党员”、全国“自强模范”、受到过胡锦涛同志亲切接见的王树明，原来担任中国网通长春市通信分公司的技术员，但是一次不幸的遭遇，让他从健康人变成了“高位截瘫”，从一个正常人变成了残疾人。所在单位明确表示让他在家里安心养病。而他并没有像一般人那样只等家人养活，从此成为家人和社会的负担，而是强烈要求重新回到岗位工作。于是他进入了市话载波机房，并很快熟悉和掌握了每一个工作流程。

但更让人没有想到的还在后面，三个月后，他向领导提出请求，由他一个人担任原来三个人负责的机房工作。能够重返工作岗位，已经是奇迹了，他怎么会有这么大的魄力承担三个人的工作？

但，他确实做到了。不仅如此，他还练就了一身过硬的技术，使他负责的机房成为公司唯一的“免检机房”。而且他还利用工作之余，免费为用户修好了7万多部电话。但他还是不满足，又参与了近百项科研项目，进行了多次技术攻关，为公司直接或间接创造了400万元的经济效益。

王树明，从高位截瘫到重返工作岗位，从做好自己的工作到一个人干三个人的活，从技术能手到参与科研项目和技术攻关，一次又一次地创造着奇迹。能把工作做到这样，能创造这样的奇迹，就算是健康人也未必能做到。为什么他能做到？根本原因就在于他从没有被“到顶了”的心态所束缚。

作为一个正常人，如果同样努力，是不是可以做出同样或更好的业绩呢？去掉“到顶了”的心态，我们就会想：我是做得不错了，但我还能不能再做进一步的改进和提升？有没有别人更好的经验值得我学习和借鉴？我可不可以往更广的领域发展？这样，超越、做得更好的意识自然就出现了，有了这样的意识，更出色的业绩自然就都能创造出来。

最后，要改“没辙了”为“有绝招”，克服“我不行”的思维。

一遇到不能一下子解决的问题，很多人的反应通常是：“没办法了”、“没辙了”、“我解决不了了”、“我不行了”。同样的问题，别人肯定也遇到过。别人能想出办法，你为什么就不能想出办法来呢？所以这是思想上偷懒的表现。事情不去想当然“没辙”，方法是肯定有的，如果一直不停地思考、琢磨，“绝招”可能自然而然就出来了。

许振超，一位普通的码头工人，只有初中文凭，因为勤奋爱钻研，由最初的普通码头工人成为了集装箱公司的第一批桥吊司机，后因表现出色，当上了桥吊队队长，最终成为行内著名的吊车专家，在一年内就两次刷新世界集装箱装卸纪录，并受到温家宝总理的高度赞扬。当时，因为吊车的起吊速度和下落速度快，很容易跟集装箱碰撞，又因为桥吊队的工资是记件的，速度慢了，就直接影响收入，所以桥吊出现故障，有60%是吊具故障。尽管这个问题存在了很久，但始终找不到方法解决。许振超发现问题后，就开始琢磨了，他想：要避免故障，就要做到无声响操作。可是集装箱是铁的，船是铁的，拖车也是铁的，怎么可能做到不出声响？面对许振超的思考，同事们像炸了锅一样反对：“以前一直都是这样做的，要是有办法，早就改进了。”

许振超没有被难倒，他不相信问题解决不了，他进行反复的试验和研究。终于他找到了解决问题的方法，发明了“无声响操作”的“绝招”。这门技术的推广，不仅没有影响大家的收入，还为公司做出了巨大的贡献。

当所有人都觉得“无声响操作”不可能做到时，许振超没有被吓住，而是不断钻研，最终问题解决了。

所以，很多时候，并不是问题本身有多难，而是我们没有信心了，被心中的“畏难”情绪捆绑住了，于是心里越畏难，事情也就越难。当你鼓足勇气，尽心尽力去想、去做，而不是一味地把问题想得很严重时，往往方法就会出现了。

自信虽好，不可盲目

自信，是个人对自己所做各种准备的感性评估，是对自己的一种肯定，也是一种信念，它能让没落者看到希望，能让失败者重拾勇气。前提是认识自己以及相关事物的客观存在。自信值得肯定，但盲目自信就是自大，就是无知。

汉朝的时候，有个名叫夜郎的小国家，它虽然是一个独立的国家，可是国土很小，百姓也少，物产更是少得可怜。但是由于和邻近地区相比，夜郎这个国家算是最大的，因而从没离开过国家的夜郎国国王就以为自己统治的国家是全天下最大的国家。

有一天，夜郎国国王与部下巡视国境的时候，他指着前方问：“这里哪个国家最大呀？”部下们为了迎合国王的心意，于是就说：

“当然是夜郎国最大喽！”走着走着，国王又抬起头来，望了望前方的高山问：“天底下还有比这座山更高的山吗？”部下们回答说：“天底下没有比这座山更高的山了。”后来，他们来到河边，国王说：“我认为这可是世界上最长的河川了。”部下们仍然异口同声回答说：“大王说得一点都没错。”从此以后，无知的国王就更相信夜郎是天底下最大的国家了。

有一次，汉朝派使者来到夜郎，途中先经过夜郎的邻国滇国，滇王问使者：“汉朝和我的国家比起来哪个大？”使者一听吓了一跳，他没想到这个小国家，竟然无知得自以为能与汉朝相比。更没想到后来使者到了夜郎国，骄傲又无知的夜郎国国王因为不知道自己统治的国家只有汉朝的一个县大，竟然不知天高地厚也问使者：“汉朝和我的国家哪个大？”

后来这个故事就被人们广为流传，成语“夜郎自大”也成为了骄傲无知、肤浅自大的代名词。

人们经常会说“自信是成功的一半”，可见自信对于成功的重要性。因为人们只有坚信自己的能力一定能实现自己的目标，看到光明的前景，才能全身地投入，才更有机会成功。也就是说，自信是一种自我激励的原动力。一个人的成长与成功需要这种动力的支撑。但是，任何事物都是一分为二的，如果没有对自己和时局的认真掂量，而一味地自信，则会同夜郎国的国王一样，让人贻笑大方。

刘艳，名牌医科大学毕业生，被分配到西南某地的一家强制戒毒所工作，每天有机会接触大量的戒毒病人。一贯好强的她自问：“毒瘾真不可抗拒吗？”天真好奇而又极度自信的刘艳对此表示怀疑。为了亲身“获得感受，真实描述，以示后人”，她等待着试验的机会。

一天，担任武警上尉的丈夫过来，把收缴来的100克海洛因寄放在她的办公室，随即匆匆驾车追捕逃犯去了。刘艳的机会终于来了。

“第一次，极难受，呕吐。”刘艳在专用记录本上描述。

“第二次，开始有些舒适感。”刘艳又在专用记录本上记录下了自己的感受。

“第三次，较适应。”她接着写道。

如果这时她毅然止步，她仍然是一名令人尊敬的医生，但她没有，她要用自己的自信来征服毒品，她要写一篇震动世界的论文，以自己的“伟大”实验来证明自己的与众不同。

“第四次，完全适应。”此时的刘艳已认定自己是真正的海洛因征服者，她要将亲身实验告诉世人，她是毒魔的唯一征服者。她要像丢弃一双破鞋一样地丢弃毒品。

然而，第二天当她像饿虎扑羊般地扑向海洛因时，一切就变得那么地可悲、可叹又可笑了。她后怕了，她开始挣扎，然而越戒越大的毒瘾，使她先失去了丈夫，然后把存款吸光，把家具变卖，然后变得一贫如洗。获得毒资的道路还有一条，那就是卖淫！为了换取毒品，这最后的一点羞耻感也从她心里消失了。没多久，她的身体开始变得丑陋：骨瘦如柴，乳房彻底萎缩，头发全部掉光，身体表面（包括头皮）所有可以注射的大小静脉均被扎过针并已结痂。最后，她在离初次吸毒只有一年零七个月的时候，割脉自杀了。此时，她才30多岁。多么令人痛心的一幕啊，盲目的自信把一个才华横溢的年轻人送进了地狱。

无数的事实证明：当一个人对自己的“自信”失去了自省力时，他便会让自大与自傲冲昏头脑，从而自觉不自觉地陷入盲目与狂妄之中不能自拔。

据报道，湖南省常德卷烟厂审计监督处原处长徐小平，因犯受贿罪被判处有期徒刑14年，他在忏悔中说道：“由于长期以来担任重要部门的负责人，我一直自视很高，认为自己工作能力强，业务水平高，因此，自大情绪慢慢滋长，思想改造渐渐放松……”徐小平的忏悔可谓道出了问题的症结——因为自大而放松思想改造，因为受贿而触犯法纪，最终把自己送进监狱的大门。

对于一个普通群众来说，自大无非是失去亲友，成为一个不受欢迎的人；对于一名党员，特别是一名手中有权的党员干部来说，自大就有可能使他失却威信，工作举步维艰，甚至私欲膨胀，触犯法纪；一个政党自大，则会失去民心，动摇根基；一个民族自大，则会走向极端，最终衰败消亡。

然而现实生活中，具有自大心理的党员领导干部绝不在少数。他们或因仕途一帆风顺，或因长期身居“要职”，或因手握“重权”，或因深受领导“赏识”而逐渐滋生自大心理。其现实反映通常是不把群众意见听耳里，自命不凡，高人一等，时时尽要“官样子”；不把组织原则记心中，目空一切，唯我独尊，事事要搞“一言堂”；不把领导形象树立好，刚愎自用，飞扬跋扈，处处表现“一霸手”。他们说话气势逼人，做事颐指气使；对同级盛气凌人，对下级高高在上。说到底，自大心理是“官本位”思想作祟，官僚主义严重。长此以往，其结果只能是脱离了群众，败坏了作风，丧失了原则，损害了形象，危害很多、很大。

毛主席曾明确指出：“我们的一切干部，都是人民的勤务员，我们所做的一切，都是为人民服务。”所以，对于一名党员，特别是党员干部来说，不要以为自己有权，就高高在上，不要以为自己有点成绩，就认为自己了不起。要看到别人的长处，尊重别人的劳动成果，听得进别人的意见，接得住别人的批评。要时刻谨记：“水，满则溢；月，满则亏。”少一些妄自尊大，少一点自满，才能正视自我，才能不脱离民众。

过度自信，等于自负

一个人拥有自信固然很重要，因为自信是成功所必备的素质，然而什么东西都有个度，过犹不及。自信也一样，如果一个人过于自信，就会过高地估计自己，削弱了对周围环境的洞察力，从而降低分析和判断问题的能力，以至与本来很适合自己个性发展的理想环境对立。此时的自信也就成了自负。自负就不能听见善意的提醒，就会导致严重的后果，甚至害了自己。

有一只雄鹰栖息在一块巨大的浮冰上，浮冰正顺着河流急速地漂流着。雄鹰似乎忘记了，前面的不远处是一个落差惊人的瀑布。这时，一只熊正沿着河岸行走，它看到了浮冰上的雄鹰，便大声喊道："鹰兄弟，快飞走，快飞走！前面危险！"

雄鹰不耐烦地说："别烦我了，我知道该怎么做。"

当浮冰接近瀑布的时候，熊再次焦急地喊道："快飞走吧，鹰兄弟，前面就是瀑布了！"

雄鹰向熊耸了耸自己那对强健的翅膀，说："看见了吧，我有能力照顾好自己。"

说话间，浮冰已经到达了瀑布的边缘，雄鹰向下俯视了一眼，自信地展开它那对无与伦比的健硕的翅膀。但是，它的爪子和浮冰紧紧地冻在了一起，怎么飞也飞不起来，和浮冰一道跌进了万丈深渊。

古往今来，不知多少个可以成就一番大事业的人，被自负所摧毁，留下的只是遗憾。三国时期的马谡就是其中一位。

蜀后主建兴六年(228年)，诸葛亮为实现统一大业，发动了一场北伐曹魏的战争。他命令赵云、邓其为疑军，占据箕谷(今陕西汉中市北)，亲自率10万大军，突袭魏军据守的祁山(今甘肃)，任命参军马谡为前锋，镇守战略要地街亭(今甘肃秦安县东北)。临行前，诸葛亮再三嘱咐马谡："街亭虽小，关系重大。它是通往汉中的咽喉。如果失掉街亭，我军必败。"并具体指示让他靠山近水安营扎寨，谨慎小心，不得有误。

马谡到达街亭后，不按诸葛亮的指令依山傍水部署兵力，而是骄傲轻敌，自作主张地想将大军部署在远离水源的街亭山上。当时，副将王平提出："街亭一无水源，二无粮道，若魏军围困街亭，切断水源，断绝粮道，蜀军则不战自溃。请主将遵令履法，依山傍水，巧布精兵。"马谡不但不听劝阻，反而自信地说："马谡通晓兵法，世人皆知，连丞相有时都得请教于我，而你王平生长戎旅，手不能书，知何兵法?居高临下，势如破竹，置之死地而后生，这是兵家常识，我将大军布于山上，使之绝无反顾，这正是制胜之秘诀。"王平再次谏阻："如此布兵危险。"马谡顿时火冒三丈，怒道："丞相委任我为主将，部队指挥我负全责。如若兵败，我甘愿革职斩首，绝不怨怒于你。"王平再次义正辞严："我对主将负责，对丞相负责，对后主负责，对蜀国百姓负责。最后恳请你遵循丞相指令，依山傍水布兵。"马谡没有打仗的经验，自以为熟读兵书，根本不听王平的劝告，坚持要在山上扎营。王平一再劝马谡没有用，只好央求马谡拨给他一千人马，让他在山下临近的地方驻扎。

魏明帝曹睿得知蜀将马谡占领街亭，立即派骁勇善战、曾多次与蜀军交锋的张郃领兵抗击，张郃进军街亭，侦察到马谡舍水上山，心中大喜，立即挥兵切断水源，掐断粮道，将马谡部围困于山上，然后纵火烧山。蜀军饥渴难忍，军心涣散，不战自乱。张郃命令乘势进攻，蜀军大败。马谡失守街亭，战局骤变，迫使诸葛亮退回汉中。马谡也因此被斩。

街亭失守，败在何处？马谡的过于自信就是最根本的原因。马谡虽熟读兵书，但缺少实战，只会纸上谈兵，不能实际操作。他到了街亭后满口兵法云、孙子曰，却不知己也不知彼。在这种情况下依然自信轻敌，口出狂言。可见他是自我感觉太好，是过于自信把自己推向绝境。

自信是火，它可以燃烧一个人的斗志，过于自信则会焚毁一个人的前途。我们生活的这个世界没有绝对将会发生的事情，当人们对某事认为“有绝对把握”而忘乎所以、过分自信时，这也许就是他们失败的开始。历史上有多少闯过大风大浪的伟人，却在小河沟里翻了船。关羽勇不勇？兵败麦城成为千古憾事。曹孟德强不强，赤壁大败险些丧命。现实就是现实。高尔基说：一个人即使再伟大，可归根结底还是渺小的。不要因为自己在某方面有很强的优势，就提前将胜利的勋章挂在胸前。

自信是水，它可以载起一个国家乘风破浪，过于自信则会成为灭顶之灾的大浪把它打碎。二战中的日本自信得狂妄，幻想在三个月内灭亡中国，结果呢？被中国人民的持久战所拖垮；“文革”中的中国自信得愚昧，“超英赶美”的红色风暴席卷全国，到头来，只落得浩劫后的残破与几代人的悲哀。

自信，可以把一个人拉上成功与发展的彼岸，过于自信则可以把这个人拖进贫困与苦难之渊。作为一名党员要时刻充满自信，只有这样，才能在激烈竞争的世界上立足。但一个人自信过了头，也必将尝到自己亲手种下的苦果。

第九课

自强——自强不息求上进，百折不挠铸辉煌

自强是支持着中国人自立于世界民族之林的一种精神，一种信念，一种境界。自强是中华民族的传统美德。自强是流淌在中华民族文明血管中的生生不息的血液，是中国人民代代相传的传世之宝，是每一名共产党员必备的道德品质。有了它才能获得取之不尽、用之不竭的力量源泉，才能在任何艰难险阻面前立于不败之地。

没有最好，只有更好

列宁曾经说过："忘记过去意味着背叛。"但我们还要明白："不去超越就无法新生。"好的东西、优良的传统和作风一定要继承。但如果一味沉溺在过去的辉煌和荣耀里，就不会再有去超越的动力，也就不可能再尝到"更上一层楼"的喜悦和幸福。

所以，优秀的人会时常告诫自己：没有最好，只有更好。他们不会把过去的荣耀整天捧在手上、夸在嘴里，而是放在脚下，作为超越自己、迈上更高点、再创辉煌的垫脚石。

1.要自强不息，就必须不断学习新东西

“日新月异”，常用来形容科技变化、时代进步的速度之快，现实也确实如此。面对不断变换的世界，我们必须不断学习，只有这样才能不断进步。因此在学习面前，我们必须时刻保持一种紧迫感，不能把一时的领先误认为“别人一辈子都不会超越”，不要固守着过去那点东西沾沾自喜。

南海舰队某陆战旅两栖装甲团，是一支久负盛名的“明星部队”，先后数十次完成海上演习、抗洪抢险、国庆阅兵等重大任务。陈昌锋，曾留学德国联邦国防指挥学院，是“全军优秀共产党员”、“优秀指挥员”，有着深厚的知识功底，是非常难得的复合型现代指挥员。

2001年，他结束了在德国的留学，回国后被任命为该“明星部队”的团长。照说带这样一支精锐部队，应该很轻松，可实际情况却恰恰相反。太多的荣誉、太多的光环已经让这支部队忘记了学习的重要性，很多方面开始慢慢倒退。例如老团长卸任时，交给他一台高配置的电脑，让他感到心痛的是，老团长只用它打字；上级配发给部队的一批装甲兵模拟训练器材，没有被拿来用，而是在仓库里“睡大觉”，盖的“被子”还是厚厚的灰尘。这两件事深深刺痛了陈昌锋，他深刻认识到：“尘封的不仅是电脑，还有我们的头脑。在新的挑战面前，必须不断学习。”否则，“先进部队”变成“落后部队”是迟早的事。怎样改变这种状况？

办常委电脑培训班，建起军事训练局域网，请来院校专家教授，办起信息化战争知识讲座……陈昌锋想尽各种办法让官兵们学习，增加他们的信息化知识和技能。久而久之，学习的氛围慢慢形成。

陈昌锋也慢慢让官兵们明白：不继续学习，荣誉就会成为紧箍咒，紧紧地抓着我们让我们被时代淘汰。只有不断学习，荣誉才能成为动力，才会更加适应时代的要求与社会的需要。

2.要自强不息，就要敢于闯新路

为什么我们总想走老路？因为我们走习惯了，走熟悉了，走起来更轻松。老路虽然好走，但往往是阻碍我们超越的路。所以就算再熟悉、再留恋，也要舍得放弃，只有这样，才能闯出一条新路，才能看得到新路上的风景。

对于陈昌锋来说，让官兵们养成学习的习惯只是他带队生涯中的第一件事，还有一件事情，需要他去推动。

在一次重大军事演习的预演中，一个大浪把正在向“敌”滩头阵地冲击的数十辆战车冲得七零八落。让陈昌锋觉得奇怪的是，战车里明明有卫星定位系统，可大家为什么纷纷掀开战车顶盖，用肉眼观察方位，修正航向，冲上滩头的时候，依然偏离了预定登陆点？为什么不用卫星定位系统呢？官兵们的回答让他既震惊又痛心：有的怕高科技的产品太娇贵，一不小心给弄坏了；有的嫌操作复杂，不如用肉眼观察来得快；有的说是怕体系不保险，有误差……这样的想法简直太不可思议了！

再也不能这样下去了，必须立即改变这种状况。随着信息化高度发达和普遍运用，未来的作战，就是信息化的作战，如果战士们由于种种原因连信息化装备都不敢用，怎么去对抗强敌？于是他开始接连邀请各方面的专家教授给各级指挥员上课，同时通过网上练兵、模拟对抗等多种形式，提高军官们对信息采集、处理和控制的能力。为了提高他们的实际操作能力，还经常让部队在恶劣和复杂的天气下，进入到陌生的海区进行练习……就这样，三年的时间，装甲团一步一个脚印，迈上了新台阶，面貌也发生了根本性的变化。

或许，当我们看到官兵们演习时，放着先进的卫星定位系统不用，而采用肉眼观察的老办法的时候会觉得好笑。但回头来看看我们自己，在工作中，是不是也经常出现同样的情况？好的方法、手段我们不愿去学、去用，还是愿意过去怎么做的，现在还怎么做。但是，我们应该想想，别人都在改进，而你却依然走老路，等着我们的是什么？老套路、老方法或许用起来顺手，但如果不跟随形势有所突破，就只有落伍。

要想上进，时时学习

毛泽东同志在《中国共产党在民族战争中的地位》中指出：学习的敌人是自己的满足，要认真学习一点东西，必须从不自满开始。对自己，“学而不厌”，对别人，“诲人不倦”，我们应取这种态度。

1978年，邓小平发表了《在全军政治工作会议上的讲话》，文中提出：“从实践中学，从书本上学，从自己和人家的经验教训中学。要克服保守主义和本本主义。”正是对新知识、新理论的不断学习和思考，补充了邓小平的治国理念，为其提出“一国两制”打下了坚实的理论基础。

在新世纪新阶段，我们党员怎样才能给广大的人民群众交一个及格的考卷？在全面建设社会主义小康社会的道路上，广大公务员无疑面临更新更高的要求。但是，只要我们记得：在这个知识经济、信息至上的时代，谁掌握最快捷的信息，谁掌握最先进的科学知识，谁就抢占了先机，掌握了工作的主动权。

怎样才能掌握最快捷的信息、最先进的科学知识？古语有云：学无止境。党员领导干部应当把学习当作一种精神追求、一种工作责任、一种生活态度，善于向书本学习，善于向群众学习，善于向实践学习，善于向网络学习，善于向外界学习。

威廉·丹姆斯说：“我觉得每一个人都有进行思考的余地。我们这一代最大的一个革命，就是发现人只有改变内在的心态，才能改变外在的世界。”所以，一个人想提高执行力，拥有不断进步的工作能力，做好落实，就要养成天天学习的习惯，改变内心，改变态度。知识是客观的，可言传的是有形知识，而不可言传的为无形知识，有形知识只是学习知识的基础，真正能产生核心竞争力，使你与众不同、产生巨大内心动力的，在于无形知识的累积。

在竞争日益激烈的今天，专业理论知识对于我们的工作来说已经远远不够，能够学以致用，不断提高自身能力，逐渐将自身的知识形成系统化、结构化的体系或许才可能符合要求。但是，无论处在职业生涯的哪个阶段，学习的脚步都不能停歇，我们应该把工作视为学习的殿堂，把学习视为通向成功的阶梯。我们应该知道，对于我们所服务的机构来说，我们所拥有的知识和我们为工作所做出的努力，两者带来的价值是同样的，二者缺一不可。正因为这样，好好监督自我是我们必须要做的，否则，我们将被时代抛弃。所以，工作进展顺利的时候，努力学习；工作进展不顺利，不能达到要求时，更要努力学习，如若不然，只有被淘汰。

歌德说："人不光是靠他生来就拥有的一切，而是靠他从学习中所得的一切来造就自己。"正好验证了大多数人的体会：从学校毕业进入社会刚开始找工作的感觉与工作一年后的感觉完全不同。因为在这一年的工作中我们学到了很多东西。学习，让我们改变自我，与众不同。对老百姓来说是这样，对领导人来说亦是如此。那么从今开始，让我们积极工作吧，不明白的就问，静心读书，认真学习吧。活到老，学到老！

2011年1月，中央党校第四十八期省部级干部进修班学员和中共中央政治局常委、中央书记处书记、中央党校校长习近平进行了座谈，期间习近平同志强调：同志们在中央党校的学习虽然即将结束，但学习的任务永远不会结束，特别是在世界和中国发展变化很快、新情况新事物层出不穷的形势下，加强学习是一项长期任务。领导干部无论工作多忙，都要抽出适当时间坚持学习，尤其要高度重视中国特色社会主义理论体系的学习，坚持用马克思主义中国化最新成果武装头脑，切实增强战略思维、创新思维、辩证思维能力，把理论底子打扎实，这样才能从根本上提高领导水平和工作水平。干部教育培训工作是全面提高干部队伍素质的重要手段。各级党校、行政学院、干部学院要认真贯彻执行《2010—2020年干部教育培训改革纲要》，按照中央关于新一轮大规模培训干部的要求和部署，大力推进教育培训改革，不断完善培训班次，丰富培训内容，创新教学方式，改进教学方法，不断提高教育培训科学化水平，在推进干部队伍建设、领导班子建设和学习型党组织建设中充分发挥作用。

我们从中可以看出来党中央对学习是多么的重视。学习是永无止境的，对于每一名党员来说，学习都不是上级安排的任务，而是发自内心的一种习惯和追求。只有坚持在学习中工作，在工作中学习，通过学习增强技能，锻炼本领，才能适应不断变化的工作环境，才能成为本职工作的行家里手，才能解决不断出现的新情况、新问题。

磨炼意志，勇于探索

古今许多有志之士喜爱梅花，赞赏梅花的品格，正如诗人辛弃疾所说，梅花“更无花态度，全是雪精神”。所以有“竹开霜后翠，梅动雪前香”。因为梅花是在“千里冰封，万里雪飘”的寒冷环境里，伴随着雪花一起开放的。“墙角数枝梅，凌寒独自开。遥知不是雪，为有暗香来。”这是被列宁誉为“中国11世纪时的改革家”的王安石的诗。没有冰天雪地的寒苦，也就没有梅花的芬芳。“飞雪林州著此身，玉雪为骨冰为魂，愿把幽香酬天地，娇红身姿报早春。”梅花以它冰雪中的鲜红身姿，唤起了人们对春的向往，然而梅花却不争春，只在丛中笑，把微笑和芳香留给人间。梅花敢于直面风雪，傲视寒冷，在阳光的照射下显得生机盎然。欣赏梅花的宝贵品格，不由使人联系起人的百折不挠的坚强意志。

自强不息，百折不挠，就要有像梅花那样的坚强意志。印度瓦卢瓦尔说："一个人的力量在于顽强的毅力，没有毅力的人无异于草木。"坚强的意志是保持自身的奋斗能力和战胜无所作为思想、成大事立大业的基本保证。"大象虽中箭受伤，仍然巍然挺立；刚强者身处逆境，决不松懈斗志。"缺乏意志的人，在挫折、逆境、忧虑、疾患、失败面前，感到悲观失望；看不到自己的优势和潜力，不知进取；失去勇气和信心，放弃美好的追求；他们怨恨逆境与挫折，把身处逆境与挫折归咎于客观环境或某些人；认为前途渺茫，不知何时才会有成功、康泰、幸福、欢乐。人们经历挫折和失败，常常痛苦不堪，但是，换个角度来看，挫折和失败并不是什么坏事。如果很多时候都顺顺当当，没有经历过失意的岁月，往往会对"世事艰难"理解不透彻或者肤浅，遇到"大风大浪"就很容易心灰意冷。人生经历一些挫折、磨难，才能比顺利者更能经得起突如其来的挫折。老子有句名言："祸兮，福之所倚；福兮，祸之所伏。"意思就是说，祸患啊，或许幸福就依附在它的边上；幸福啊，可能祸患就隐伏在它的内部。正因为挫折，才使人们不断准备新的奋斗，在挫折中前进，成为强者；正因为失败，人们才要努力考虑如何摆脱失败，总结教训，重整旗鼓，在失败中奋起。

坚强意志，不是每个人必然会有的，也不是先天就有的素质，却是人人都可以获得的，关键在于培养和锻炼。"勉励苦斗之士，终能战胜逆境。"人的坚强意志，正如托尔斯泰所说："人需要在碱水、血水、清水中泡三次才能完美。"需要经过艰苦生活、峥嵘岁月的磨炼，特别是在复杂斗争、恶劣环境、苦难岁月、重大挫折中，屡败屡战、屡仆屡起、不屈不挠，才能逐渐磨炼和培养出来。意大利达·芬奇说："不经受巨大的痛苦，就得不到完美的才能。"法国著名作家雨果说："苦难，经常是后娘，有时却是慈母；困苦能孕育灵魂和精神力量……"亚美尼亚谚语说："苦难是人生的老师。"莎士比亚说过："雨能穿石。"从某种意义上说，我们应当感谢挫折和逆境，因为正是它们磨炼了我们坚强的意志，我们的生命也随之波澜起伏，跌宕有致。

忧患、贫贱、困苦，本来是不好的条件，却成为磨炼人们意志、成就人们事业的绝好熔炉。正如古语所说："古来忠烈士，多出贫贱门。"波斯萨迪说："如果你的品德十分高尚，切莫为出身微贱而悲伤，芬芳的蔷薇会常在荆棘中生长，散发醉人的清香。"土耳其有一则格言："人生没有忧患，不算阅尽沧桑。"享乐，看起来很有诱惑力，却是软弱的土壤，懒惰的温床，容易使人居安忘危，颓废意志，脱离群众。生命之神不喜欢有"人生在世不称意，明朝散发弄扁舟"的消极遁世念头，不喜欢人们烦恼、懒散、消沉，沉湎在自卑忧郁之中。英国心理学家布朗说："一个人如果没有任何阻碍，将会永远保持其满足和平庸的状态，……像母牛一样的怡然自得。"可见，困难和厄运是奋斗的动力，是志士的熔炉，是幸福的源头。明代学者徐学谟有言："当得意时，须寻一条退路，然后不死于安乐；当失意时，须寻一条出路，然后可生于忧患。"是不是可以这样说，从历史到今天，那些受世人由衷赞颂、难以忘怀、风范永驻人间的，并不是那些因仕途一时顺畅而"春风得意马蹄疾"的人，而是不向厄运低头的强者。因此，作为"特殊材料制成的"共产党人，更应当以艰苦的磨炼，百折不挠的精神，来作为自己的修身之道。

失败了继续努力，与之抗争，就有了通向新一轮成功的跳板，而气馁则是绝望之母。很多时候，真正让我们失败的，不是困难，而是我们失去了信心。

人生中往往充满着"但是"，岁月里也并不都是甜蜜。本来应当这样发展，途中会突然窜出许多的困难，遭到不少的失败，往往是壮志未酬，先遭失败，成果未成，苦果先尝。倘若人生遇到100次失败，仍要有101次追求。与其偃旗息鼓和坐等失败，不如重整旗鼓和破釜沉舟。正如英国哥尔斯密所说："我们最大的光荣，不在于一次也不失败，而在于每次倒下来都能够站得起。"古希腊神话中的英雄西西弗斯，被众神判决推运一块石头至山顶。但每次到达山顶，石头都会因为自身的重量，总要滚下山脚。面对这个残酷无比的磨难，西西弗斯既无怨言也不气馁，又一次次地把石头推到山顶。

人生不如意事常十之八九。全身心投入，不懈地努力，有时依然难遂人愿。但是，正如巴尔扎克所言：“不幸，是天才的晋身之阶，信徒的洗礼之水，能人的无价之宝，弱者的无底深渊。”功夫不负有心人，“是金子总会发光的”。只要有一种不怕失败、永不气馁的韧劲，树立从失败东山再起的信心，“只顾攀登莫问高”，也一定能将泪水和汗水化作许许多多美好事物，一定会在“山穷水尽”时发现“柳暗花明”。经历挫折使人们流出劳累的汗水，尝到挫折的苦汁，也会感到迷人的趣味，涌出惊喜的泪花。比顺利和成功多许多倍的挫折和失败，使人们的精神世界波澜壮阔，使人们领略到绮丽风光。正如英国哲学家培根所说：“顺境中的美德是自制，逆境中的美德是不屈不挠。”挫折和失败使人们少了一份浮躁，多了一份成熟，锤炼了坚韧不拔的品格。也正如奥斯特洛夫斯基所言：“人的生命似洪水奔流，不遇到岛屿和暗礁，难以激起美丽的浪花。”

坚强的意志、顽强的毅力，是人生中最宝贵的东西，比天资聪明更为重要。面对挫折和困难而不气馁，是我们中华民族的优秀品格，也是中国共产党的优良传统。郑板桥有一首咏竹诗：“咬定青山不放松，立根原在破岩中。千磨万击还坚劲，任尔东西南北风。”一位有识之士认为，毅力胜于聪明。笨拙是客观的，但客观的笨拙若能和主观的勤奋结合起来，就等于给贫瘠的土地撒上了肥料；聪明也是客观的，但客观的聪明不和主观的勤奋结合起来，就等于凤凰断了翅膀。一个天分不高的人，只要脚踏实地地坚持求真实干，求知探索，不为环境所左右，不为怨天尤人、灰心丧气的情绪所左右，就能够使天堑变通途，到达成功的彼岸。一个聪明的人，如果没有毅力，就不能实现崇高的志向，不能成就事业。正如法国科学家巴斯德所言：“字典里最重要的三个词，就是意志、工作、等待。我将要在这三块基石上建立我成功的金字塔。”

我们党90多年的发展壮大史就是一部磨难坎坷、百折不挠、自强不息、勇往直前的奋斗史。在这个漫长的革命进程中，一些人动摇、逃跑甚至叛变，有许多共产党人和群众惨遭敌人杀戮，中国革命多次处于极其艰难的逆境之中。但是，正像毛泽东同志所说的：中国人民和中国共产党人并没有被吓倒、被杀绝、被征服。他们一次次被打下去，但又一次次从地上爬起来，然后揩干身上的血迹，掩埋好同伴的尸体，又继续战斗了。

古往今来的很多事实，都在告诉我们一个道理：能成“气候”，能成就一番事业的，常常不是那些幸运儿，而是那些面对无数挫折和磨难仍然挺起胸膛不退缩、不皱眉头、屡败屡战的人。人生应当是拼争奋斗的岁月，不是一味享受的年华。纵然天边有黑雾，也要像海鸥飞翔。正如英国哲学家罗素所说：“伟大的事业根源于坚韧不断的工作，以全部的精神去从事，不避艰苦。”方志敏在遗嘱中写道，面临艰难困苦的时候，“我总是独自细声地自语：吃不得苦，革不得命；愈苦愈要干，愈苦我就愈快乐”。也如培根所说：“奇迹多在厄运中出现。”正是：“自古雄才多磨难，从来纨绔少伟男！”

自强不息，代代相传

自强是中华民族的传统美德，是支持着中国人自立于世界民族之林的一种精神，一种信念，一种境界；是流淌在中华民族文明血管中的生生不息的血液；是中国人民代代相传的传世之宝。

世界上最美丽的桂冠，是用荆棘编制而成的。天将降大任于斯人也，必先苦其心志，劳其筋骨，饿其体肤，空乏其身……古今中外承担大任、成就大事业的人，不唯有超世之才干，亦必有坚韧不拔之意志。

越王勾践，三年做马夫，十年“卧薪尝胆”终成为春秋后期的五霸之一；孔子困境中写成《春秋》；屈原在流放的途中写成《离骚》；周文王囚牢写《周易》；左丘明失明著《国语》；孙子断脚写《兵法》；司马迁宫刑写《史记》……孙中山先生历经无数坎坷和失败，终于领导民众推翻了统治中国几千年的封建专制制度；鲁迅先生，身患疾病，依然坚持战斗；毛泽东上井冈以星星之火，燎原中国……中国人民历经苦难到八年抗战的胜利，从过去的小米加步枪到今天的导弹、火箭、飞船、卫星……一桩桩一件件无不体现我们国家和人民自强精神之所在。

《周易》说：“天行健，君子以自强不息。”就是说天地运行，从白昼到黑夜，周而复始，一个有所作为的人，应当像天地一样，奋发图强，坚定自立，永不懈怠，刚健不衰，完成并发展所从事的事业。不论在顺利的环境，还是经历逆境厄运，都应当锲而不舍、自强不息。

可以说，世界是极为公平的。因为，既没有白吃的午餐，也没有白流的汗水。

曹江，保定市涞源县人，父母离异后，父亲杳无音讯，母亲又半身不遂，生活不能自理，是她和妹妹扛起了生活的重担，一路走来。

2008年，曹江考入唐山师范学院，入学后各方面表现均很突出，大二时成为了一名光荣的共产党员。作为一名学生党员，她时时以党员标准严格要求自己，处处成为同学们的榜样。

学生以学习为天职，不管你是不是党员，这一点曹江非常清楚，她努力学习专业知识及各种新技能。只要一有空，就会去图书馆翻阅专业书籍来完善自己的知识结构，并且有目的地将理论知识系统化运用于实际工作中。天道酬勤，曹江连续两年获得院级一等奖学金，还获得了国家励志奖学金和“优良学风先进个人”的荣誉称号，2010年获得河北省大学生数学竞赛二等奖以及“感恩母亲，放飞祝福”征文比赛二等奖等。

作为一名党员，曹江一直以严谨踏实的生活态度要求自己，崇尚勤俭节约，不奢侈浪费。与同学之间相处融洽、亲密无间。曹江还积极参加社会实践活动，先后做过推销员、家教等工作，通过与社会的接触了解社会，锻炼自己的能力。对于母亲，曹江更是百般孝敬。在2009年，妹妹也考上大学后，她便决定在唐山租一间房子，把母亲接过来，一边上学一边照顾母亲。当然她的生活也因为妈妈的到来而格外忙碌，每天除了要完成学习任务，还要照顾母亲的日常生活，周末还需打工赚钱以维持一家的日常生活开销。

曹江的事迹公开后，很多好心人打来电话慰问并希望可以提供资助，甚至有几位好心人找到学校，拿出钱来想资助她，但曹江坚决认为作为党员，不能给社会带来麻烦，要通过自己的努力解决问题，不管多辛苦都应该自己努力走下去。

吴永容，重庆市南川区南平镇景秀村一名普通共产党员，有一个90岁高龄的老母亲需要照顾，吴永容的丈夫患有矽肺病、心肺病等，长年卧床，几乎不能劳动，家庭经济相当窘迫。

为改变生活状况，吴永容贷款5000元，找亲戚借了4000多元，加上自己的一点积蓄，开始上山开荒创办果园，当年开荒一亩多，栽上了她从安徽联系的布朗李、葡萄等果苗。

欠的钱还没还上，2001年元月，吴永容的儿子何强被确诊为肝癌。那时，吴永容一个人除了照顾病人，还要种六个人的田，她每天天不亮就起床，一天到晚喂猪、做几次饭、服侍几个病人，并且每天必须到镇上去拿药，一个来回8公里，要用一个多小时，她就像一架不知疲惫的机器，几年坚持不断。

然而，命运并没有就此放过她，又先后夺去了她儿子和丈夫的生命。生活的艰辛让这位身材娇小的女人感到心力交瘁，几乎所有的人都认为她要被压垮。可是高压却让这个普通共产党员瘦小的身体里迸发出了无穷的能量。

尽管家里遭受如此大的不幸，吴永容仍然坚持奔波于家里和地里，果园也在逐年扩大。2002年，她的果园取得了丰收，周围的村民开始向她学习种植果树。通过几年的摸索，吴永容也积累了一些经验，她总是乐意传授给乡亲。还买了一万多株葡萄、布朗李等果苗分给群众。现在，几乎家家户户都栽起了果树，全村有上百亩的果树，吴永容也义务做起了农技员。心疼她的人对她的举动很是不解。吴永容说："我有困难时，乡亲们都关心着我，我是一名党员，更应该帮助他们。这几年都受天气影响，果子收成不算好，所以规模也不大，今年应该可以了。"说话时她的脸上总带着微笑。

吴永容的果园一共有6亩，果树2000多棵，有水蜜桃、苹果、葡萄、脐橙等六七个品种。她不但把自己的活儿打理得很好，还积极参加社里的公益事业。社里修公路，吴永容在工地上义务做工 一个多月，她说："政府对我的帮助支持很大，支持化肥，安装光纤电视，我也要为大家多出力。"

如今，她靠耕作六个人的田土和打理果园以及喂养肥猪等收入还清了债务。她说，生命很可贵，我要更加珍惜生活。在她身上，体现出了一个普通农村妇女的朴实勤劳和自强不息的精神面貌。

人生的跑道上，有人望洋兴叹，有人满腹牢骚，只有强者奋起直追。生活中的强者，明白"临渊羡鱼不如退而结网"的道理，看到别人比自己出色，不是眼巴巴地盼望奇迹发生；面对困难不是推脱责任，怨天尤人，而是努力奋斗，自强不息。因为回避永远是弱者所为。

作为一名共产党员，要时刻清楚有中国特色社会主义的建设道路，不像北京东西长安街那样平坦、笔直，要常常遇到"山迭障，水纵横"，并不像祝酒词所讲的那样"心想事成"，有的时候会出现"欲渡黄河冰塞川，将登太行雪满山"。它是伟大的、壮丽的，同时也是艰难的，需要数代人前赴后继、艰苦不懈的努力才能完成。我们今天的生活是老一辈不畏惧艰辛、自强不息创造来的，身为党员我们要带头主动把老一辈艰苦奋斗、自强不息的优良传统继承下来，传承下去，让我们的下代、下下代过上更美好的生活。

知难而进，锲而不舍

人的一生，总会遇到这样那样的问题、这样那样的困难，千万不要因此而怨天尤人，畏缩不前，要知道生活本就问题叠着问题，困难连着困难。遇到问题与困难，不要怕，敢于面对，知难而进、锲而不舍，才是解决之道。人生是一次航行。航行中必然会遇到从各个方面袭来的劲风，然而每一阵风都会加快你的航速。只要你稳住航舵，即使是暴风雨，也不会使你偏离航向。

世界体操锦标赛和奥运会是同级别的大型国际比赛，各国都会派出最佳阵容。李宁作为中国的得力战将也将参加。但是在离第21届世界体操锦标赛正式比赛仅有三天时，他却不慎将右踝骨严重扭伤，脚脖子肿得像发面馒头，脚一着地就痛得钻心。他一受伤，无疑使中国队陷入决战之前折大将的困境。中国可能就此坐失良机。考虑到李宁的实际情况，有关领导研究决定，不让李宁上场参赛了。

尽管脚上的伤让李宁很痛苦，但是作为运动员，如果不能参加竞赛为祖国争光，他更加痛苦。屡次向领导提出自己要参赛却被领导和队友们好心劝阻后，他仍然没有放弃。在报名最后截止的那天凌晨，天还没有亮，他便悄悄爬起来，用受伤的脚做单腿平衡和深蹲，咬着牙开始跑步……教练发现了这一情景，急忙赶来拉住他，劝阻他说："你的伤这样重，再这样做，实在太痛苦了。而且团部决定你不上场，你还是放弃吧……""不，我能上!让我上吧!盼这么久，就盼这一天……"李宁却很坚定地说，说着，便强忍钻心的疼痛，抬起肿胀的右脚，在一尺多厚的积雪上一步步跑起来。终于，领导被他的精神“征服”了，同意他参赛。

第二天，比赛正式开始了。当右脚绑着一只白色塑料夹子的李宁上场时，全场先是一片惊愕，继而掌声雷动。最后，由于李宁的努力，中国体操队进入世界前三名。

“你的自由体操，世界第一，你的意志，也是世界第一!你不愧是世界东方的‘力塔’!”国际体操裁判委员会副主席这样称赞李宁。

李宁是一位体育界的优秀共产党员。他的做法，在很多人看来有点傻，取得的成绩已经备受世人羡慕了，干吗还要冒着可能终身残疾的危险再去争取好成绩呢？可是，正是他的坚持，他的不折不挠，使他成为“20世纪世界最佳运动员”，一共获得国内外重大体操比赛金牌106枚，其中全国冠军92次，世界冠军14次，不断创造着辉煌。正如一位大思想家所说：“雾气弥漫的清晨，并不意味着是一个阴霾的白天。累累的创伤，就是生命给你的最好的东西，因为在每个创伤上都标示着前进的一步。”

焦裕禄，山东省淄博市源泉镇北崮山村人。1922年8月16日出生在一个贫苦家庭。因生活所迫，11岁的焦裕禄被迫退学，跟随穷乡亲推着独轮小车，运煤卖煤。

日伪统治时期，焦裕禄家中的生活越来越困难，父亲因无钱还债，被地主活活逼死。眼泪未干，焦裕禄又被日本鬼子抓到抚顺的一个煤窑做苦工。在日本鬼子、汉奸的刺刀威逼下，他每天在煤窑里干15个小时以上的苦工。焦裕禄不堪忍受日伪的非人折磨，于1943年秋天和工友一道冒着生命危险逃出了虎口。回到家后，因无法生活下去，又逃到江苏省宿迁县，给一家姓胡的地主扛了两年长工。

1945年抗日战争胜利后，焦裕禄从宿迁县回到了自己的家乡。当时他的家乡虽然还没有解放，但是共产党已经在这里领导群众进行革命活动，焦裕禄主动要求当了民兵。当民兵后，他参加过解放博山县城的战斗。

1946年1月，焦裕禄加入中国共产党。不久，他又正式参加了本县区武装部的工作，在当地领导民兵，坚持游击战争。解放战争后期，焦裕禄随军离开山东，到了河南，分配到尉氏县工作，先后担任过副区长、区长、区委副书记、青年团县委副书记等职……1962年12月，焦裕禄调到兰考县，任县委书记。

兰考县地处豫东黄河故道，风沙、盐碱、内涝之患严重，一眼望不到边的黄沙；片片内涝的洼窝里，结着青色的冰凌；白茫茫的盐碱地上，枯草在寒风中抖动。

焦裕禄不但没有被困难吓倒，反被激发出无穷斗志。“感谢党把我派到最困难的地方，越是困难的地方，越能锻炼人。请组织上放心，不改变兰考的面貌，我决不离开这里。”这是豪言也是誓言，焦裕禄就是带着它踏上了兰考这片荒凉之地。

这是三年自然灾害较严重的一年，全县粮食产量下降到历年最低水平。焦裕禄来到兰考的第二天起，就开始深入基层调查研究。他下决心要把兰考县1080平方公里土地上的自然情况摸透，亲自去掂一掂兰考的“三害”究竟有多大分量。一年多的时间里，他拖着患有慢性肝病的身体，几乎跑遍了所有的大队。

这种大规模的调查研究，使县委基本上掌握了水、沙、碱发生、发展的规律，几个月的辛苦奔波，换来了一整套又具体又详细的资料，从而县委制定出了切实可行的改造兰考大自然的规划。在这个规划上，焦裕禄同志满怀激情地写道：“我们对兰考的一草一木都有深厚的感情。面对当前严重的自然灾害，我们有革命的胆略，坚决领导全县人民，苦战三五年改变兰考面貌。不达目的，我们死不瞑目。” 从此，一场群众性的除“三害”斗争轰轰烈烈地开展起来了。通过一年的艰苦奋战，兰考的除“三害”工作取得了明显的成效。

在带领全县人民封沙、治水、改地的斗争中，焦裕禄身先士卒，以身作则。风沙最大的时候，他带头去查风口，探流沙；大雨倾盆的时候，他带头趟着齐腰深的洪水察看洪水流势；风雪铺天盖地的时候，他率领干部访贫问苦，登门为群众送救济粮款。他经常钻进农民的草庵、牛棚，同普通农民同吃同住同劳动。他把群众同自然灾害斗争的宝贵经验，一点一滴地集中起来，成为全县人民的共同财富，成为战胜灾害的有力武器。

作为一名党员，焦裕禄在群众最困难的时候，出现在群众的面前；在群众最需要帮助的时候，去关心群众、帮助群众。他的心里装着全县的干部群众，唯独没有他自己。他经常肝部痛得直不起腰、骑不了车，即使这样，他仍然用手或硬物顶住肝部，坚持工作、下乡，直至被强行送进医院。

1964年5月14日，焦裕禄被肝癌夺去了生命，年仅42岁。他临终前对组织上唯一的要求，就是在死后，“把我运回兰考，埋在沙堆上。我要看着兰考人民把沙丘治好”。

人常说：“知难而进。”为什么“知难”才能“进”呢？这正是温家宝总理在多个场合都讲到的“知难不难”。畏困难的人不能算知难，等待、观望、放弃的人也不能算知难；知难者迎难而上，知难者奋进、拼争、坚持，实现最终跨越。对于一名共产党员、一名党员干部来说，要想真正地为人民服务，就不能怕困难，“明知山有虎，偏向虎山行”，只要坚持不懈，奋力拼搏，把难事办成、办好，难事也就不难。

党员干部肩负的责任重大，面对的困难挑战繁多，任重而道远，更应当具有知难而进、锲而不舍的精神。一方面是要知难而进。党员干部的工作涉及人民生活的方方面面，必然会遇到各种状况，对此，干部不能选择逃避，而应正确认识各种挫折挑战，将其视为自己人生的垫脚石而不是绊脚石，调整好自己的心态，勇于面对并期待面对这些垫脚石，通过妥善处理增强自己的实际工作能力，甚至通过一次次失败磨炼自己的心志，总结经验教训，“以史为鉴”，更好地服务于以后的工作。另一方面是要锲而不舍。党员干部要培养自己锲而不舍的精神，在面对业务难题时要能够一次次请教掌握，在面对群众矛盾纠纷时能够一次次帮忙解决，在面对环境艰苦时能够一一咬牙度过，最终达到水滴石穿的效果，成为一名有韧性、有毅力的合格党员。

“贵有恒，何必三更起五更眠；最无益，只怕一日曝十日寒”。

当前，面对严峻的形势、巨大的压力和艰巨的任务，各级党员干部更应时刻警惕“精神懈怠”危险，始终保持昂扬向上的精神状态，拼博进取，敬业奉献，知难而进，创造出经得起实践、群众和历史检验的一流业绩，敢当引领发展、带民致富的勇者。

就领导班子整体而言，敢于知难而进，就会群情激昂，群策群力，奋发有为。否则，就会一盘散沙，暮气沉沉，贻误发展。就领导干部个人而言，具备知难而进的精神，才能不断激发自身智慧和潜能，挫而不折，积极进取，成就一番事业。反之，则会胸无大志，庸庸碌碌，一事无成。

因此，各级党员干部要有坚强韧劲，时刻感受危机感，保持紧迫感，心存责任感，始终弘扬知难而进的拼搏精神，拿出铁肩挑重担的勇气，以百折不挠、愈挫愈奋的恒心和毅力，敢于担当，敢于负责，敢于拍板，敢于胜利，主动出击，乘势而上，竭尽全力实现新作为。要始终坚定抓落实的信念，按照既定的目标和任务，埋头苦干，锲而不舍，对认准了的事、定了的事一抓到底，不达目的誓不罢休。要始终树立一种坚定的信念，在困难面前不低头，在先进面前不服输，在成绩面前不自满，时刻满怀工作激情，以昂扬的斗志和不懈进取的精神，找准自身定位，相互争着干、比着干，努力实现新作为，创出新业绩。